Über den Autor:

Tom Kraftwerk wurde 1992 in Nordhessen geboren und wuchs in der niedersächsischen Provinz auf. Zum Verdruss seiner Eltern ist er Wunschbielefelder und Dauerstudent aus Leidenschaft. Soziologie studierte er nebenbei (erfolgreich!), bevor ihm durch seine viralen Tweets der zufällige Einstieg in die Medienbranche gelang. Masterstudent seit 2016, keine weitere Zukunftsplanung, außer weiterhin Überlebenskünstler zu sein.

Als @tomkraftwerk twittert der Autor über sein Studentenleben.

Tom Kraftwerk

Warten auf Foucault

Anleitung zum Nicht-Studieren

BASTEI LÜBBE TASCHENBUCH
Band 60958

Dieser Titel ist auch als E-Book erschienen.

Originalausgabe

Copyright © 2017 by Tom Kraftwerk and Bastei Lübbe AG, Köln
Umschlaggestaltung: FAVORITBUERO, München
unter Verwendung eines Motivs von © getty-images: SensorSpot
Satz: hanseatenSatz-bremen, Bremen
Gesetzt aus der Bodoni
Druck und Verarbeitung: CPI books GmbH, Leck – Germany
Printed in Germany
ISBN 978-3-404-60958-1

2   4   5   3   1

Sie finden uns im Internet unter
www.luebbe.de
Bitte beachten Sie auch: www.lesejury.de

Ein verlagsneues Buch kostet in Deutschland und Österreich jeweils überall dasselbe.
Damit die kulturelle Vielfalt erhalten und für die Leser bezahlbar bleibt, gibt es die gesetzliche
Buchpreisbindung. Ob im Internet, in der Großbuchhandlung, beim lokalen Buchhändler, im Dorf
oder in der Großstadt – überall bekommen Sie Ihre verlagsneuen Bücher zum selben Preis.

Inhalt

Vorwort		7
Kapitel 1:	Die schönste Zeit des Lebens	9
Kapitel 2:	Aller Anfang ist Bier	30
Kapitel 3:	Studienalltag	57
Kapitel 4:	Der Routine entkommen	109
Kapitel 5:	Erwachsen werden?	164
Kapitel 6:	Wie die Jungfrau zum Kinde	200

*Alle in diesem Buch erzählten Dinge
(insbesondere die immer wieder erwähnte Stadt)
sind frei erfunden.*

Vorwort

Und, wie läuft dein Studium?
Okay, pass mal auf. Studieren bedeutet, sich den Inhalt einer oder mehrerer Fachrichtungen anzueignen und dieses erlernte Wissen mithilfe von Seminaren in Hochschuleinrichtungen zu festigen. Das Studium besteht demnach aus zwei Teilen. Zum einen ist der Student dazu angehalten, an Veranstaltungen seiner Hochschule teilzunehmen, um Grundlagen zu erlernen und sein Wissen prüfen zu lassen. Der zweite, wesentlich größere Teil wird Selbststudium genannt. Je nach Engagement des Studenten entspricht er dem null- bis unendlichfachen der zeitlichen Anwesenheit in Hochschulseminaren. Der studentische Volksmund sagt, dass sich dieser *Workload* genannte Zeitaufwand ungefähr eins zu zwei aufteilt. Pro Stunde Seminar werden also zwei Stunden Selbststudium veranschlagt. Bei meinen sieben Seminaren in der Woche zu je zwei Stunden ergibt der erste Teil vierzehn Stunden. Halte ich mich an den Rat des studentischen Volksmundes, ergeben sich zusätzlich 28 Stunden Selbststudium, woraus eine 42-Stunden-Woche

resultiert. Zu dieser 42-Stunden-Woche kommt der Nebenjob, den ich machen muss, weil meine Eltern zu viel verdienen, als dass ich BAföG bekommen könnte, und zu wenig, um mich voll zu unterstützen. Dazu kommt das Ehrenamt, das ich machen muss, um mich nach dem Studium auf dem Arbeitsmarkt von meinen Kommilitonen abzuheben. Während die Wochenstundenzahl nun gegen siebzig klettert, dürfen wir nicht den Zeitaufwand für die Studentenpartys vergessen, auf denen man wichtige Kontakte knüpft. Studentenpartys sind dabei besonders zeitaufwendig, weil man den Kater einkalkulieren muss. Der ideale Student studiert also 24/7. Da ich aber, statt in der Bib zu sitzen und zu lernen, hier mit dir dieses Gespräch führe, kannst du dir ausmalen, wie mein Studium gerade läuft: nicht optimal.

Gibst du mir noch was von den Kartoffeln?
Klar Oma. Happy Birthday.

Dieses Gespräch könnte so überall in Deutschland stattfinden, zu jeder Zeit. Und der Grund dafür ist denkbar naheliegend: akademischer Selbststress. Dieses Buch ist all jenen gewidmet, die den eigentlichen Sinn des Studiums aus den Augen verloren haben: chillen, bevor man bis zu seinem Tod schuften muss.

Kapitel 1:
Die schönste Zeit des Lebens

Wir alle kennen doch den Spruch von ehemaligen Akademikern: »Die Arbeitszeit ist einfach die schönste Zeit im Leben!« Oh nee, kennen wir nicht.

Eigentlich sollte es aber so sein, denn das »Arbeitsleben« nimmt zeitlich den größten Teil unseres Lebens ein, durchschnittlich etwa 37 Jahre. Gehen wir davon aus, dass wir mit 67 in Rente gehen, sollten wir spätestens mit dreißig Jahren anfangen zu arbeiten – vorausgesetzt wir werden nie arbeitslos. Wenn wir mit achtzehn aus der Schule kommen, bleiben uns also rein rechnerisch noch zwölf Jahre Zeit, um den richtigen Beruf zu finden. Zwölf Jahre. Das entspricht 24 Semestern. Oder vier Bachelorstudiengängen in Regelstudienzeit. Wozu also die Eile?

Natürlich sind Statistiken trügerisch. Als Soziologe habe ich das gelernt. Zunächst müsste »Arbeit« in dieser Statistik definiert werden. Vierzig-Stunden-Woche? Sozialpflichtige oder selbstständige Arbeit? Männer *und* Frauen? Und in welchem Zeitraum wurden diese Zahlen eigentlich erhoben?

In welchem Land? Und dann gibt es da nicht mal eine Quellenangabe. Der Soziologe in mir rät euch, nichts zu glauben, was in diesem Buch steht. Es wird nämlich an keiner Stelle etwas mit Quellen belegt, und die hier erzählten Geschichten entsprechen keinesfalls wissenschaftlichen Standards. Aber so ist es ja auch mit der Bibel. Und die wird immerhin auch gerne gelesen.

Zunächst ein paar *true facts*, denen auch ohne Quellenangabe Glauben geschenkt werden darf: Ich nenne mich Tom, bin 1992 in einer Kleinstadt südlich von Kassel geboren und 2000 nach der Scheidung meiner Eltern in ein lächerlich kleines Dorf in die niedersächsische Provinz gezogen. Die folgenden elf Jahre verbrachte ich hauptsächlich damit, der Dorfjugend zu zeigen, was man gegen Langeweile tun kann, und sprach deshalb sehr regelmäßig mit sogenannten Vertrauenslehrern.

Als ich durch mein Abiturzeugnis aus den Zwängen der Gesamtschule befreit wurde, machte ich das, was im »Rekordjahr 2011« alle taten: Ich ging studieren. Ich war der Erste aus meinem näheren familiären Umfeld, der den Weg an die Uni suchte, und von einigen Stationen, die ich in meinem Studentenleben passiert habe, möchte ich hier erzählen. Meine Geschichte richtet sich dabei nicht nur an Studenten oder Leute, die es mal werden wollen. Ich erkläre auch allen besorgten Eltern, wie oft sie »Wann bist du eigentlich fertig mit Studieren?« fragen müssen, bis man dann tatsächlich fertig ist. Oh, und ich widme mich auch Professoren, die sich wundern, warum eine Fünfzehn-Minuten-Sprechstunde und drei E-Mails nicht ausreichen, um junge Leute für die Arbeit als Nachwuchswissenschaftler zu begeistern. Einen besonderen Dank möchte ich an dieser Stelle auch unseren ideenreichen Bildungspolitikern entgegenbringen. Allen 7895. Pro Bundesland.

Beginnen möchte ich mit der Frage, die sich jeder mal in seinem Leben stellt: Was will ich eigentlich werden?

Berufsfelderkundungstage oder: Wie ich lernte, den Lottogewinn zu lieben

Als ich mit dreizehn oder vierzehn Jahren erfuhr, dass die Mutter meines besten Freundes Schizophrenie hatte, war mein Berufswunsch in Stein gemeißelt. Sollten die anderen doch alle Ingenieure und Astronauten werden und irgendwelche Sachen erfinden! Wir hatten so viele Dinge hier, die hundertprozentig existierten, die wir uns aber nicht erklären konnten. Und das waren keine Dinge, die machten, dass eine Lampe leuchtete oder ein Apfel vom Baum fiel. Nein, das waren Dinge in uns drin, in unserem Gehirn oder sonst wo, Dinge, die uns zu dem machten, was wir waren. Und wir hatten keine Ahnung, warum sie das machten, geschweige denn wie wir sie aufhalten konnten, wenn sie mal unschöne Dinge hervorbrachten – wie bei der Mutter meines besten Freundes. Ich wollte mir erklären, wie das funktionierte, das mit uns Menschen.

Für mich war klar, dass ich nur mein Abitur schaffen müsste, und schon stünde meiner Karriere als Psychiater nichts mehr im Weg. Nur noch ein Fingerschnipsen, dachte ich, nur ein paar Semester Psychologie. Am besten in

Marburg, weil man da noch »auf Diplom« studieren konnte – und ich wusste aus den Medien, dass das besser war als dieser »Bachelor«.

Als ich diese Zeilen tippe, bin ich alles andere als ein Psychiater. Ich bin ein Student in seinem dritten Studiengang und seinem elften Hochschulsemester. Ich habe einen Bachelorabschluss in Soziologie und schreibe ein Buch. Und ein Ende des Studiums? Ist nicht in Sicht. Wie, um Himmels willen, konnte das passieren?

Als Kind möchte man Polizist oder Feuerwehrmann werden. Weil das greifbar ist, weil man diese Berufe wahrnimmt, sie auf der Straße und in den Medien präsent sind und jedem klar ist, was ein Polizist und ein Feuerwehrmann machen. Ein Kind möchte nicht Autor werden, weil es bis zu einem bestimmten Alter weder lesen noch schreiben kann und erst sehr viel Zeit nach dem Erlernen dieser Fähigkeiten vergehen muss, bis es weiß, was man mit Worten alles ausdrücken kann. Ein Kind möchte auch nicht Soziologe werden, weil bis auf die Soziologen selbst vermutlich niemand so genau weiß, was Soziologen eigentlich machen. Und weil man als Kind vermutlich keine schöne Schulzeit haben wird, wenn man diesen Wunsch auf dem Schulhof äußert.

Wonach richten sich unsere Berufswünsche also? Früher war das einfach. Da wurde man einfach das, was der Papa oder die Mama waren. Das kannte man, das war greifbar. Und man hatte einen nicht zu vernachlässigenden Vorteil: Mama oder Papa konnten einem ihre Erfahrungen weitergeben. Man konnte sich also schneller Dinge aneignen als andere, die nicht den Weg ihrer Eltern einschlugen.

Heute ist das anders. Keiner guckt einen schräg an, wenn man etwas anderes macht als seine Eltern. Egal ob man sogenanntes Arbeiterkind ist und an die Uni möchte oder ein Thronfolger, der auf die Krone verzichtet: Unsere Gesellschaft lässt das größtenteils zu. Diese Unabhängigkeit des Einzelnen, sich sein Leben individuell gestalten zu können, bezeichnen die Soziologen als »soziale Mobilität«.

Das Problem an der ganzen Sache ist nur eins: die schier unendliche Auswahl an Möglichkeiten.

Der Psychiater

Mein Freund Jakob und ich stehen im Wartebereich der psychiatrischen Klinik und warten auf seine Mutter. Der Wartebereich ist Teil eines großen, offenen Saals, der auch den Patienten der Klinik als Aufenthaltsraum dient. Jakobs Mutter ist noch nicht darunter, weil sie gerade eine Therapiesitzung hat.

An einer Wand steht ein niedriger Wagen mit Tee, Kaffee und Wasserflaschen. Wir nehmen uns jeweils eine kleine Wasserflasche und setzen uns. Ich schraube den Verschluss der Flasche ab, lege ihn auf den Tisch und nehme einen Schluck.

Plötzlich steht eine Dame im Nachthemd neben mir. Sie ist etwa fünfzig Jahre alt, hat zerzaustes Haar und sieht mit leerem Blick auf unseren Tisch. Ich will ihr gerade einen guten Tag wünschen, da nimmt sie den Deckel vom Tisch, drückt ihn an ihr Auge und kneift es zu, sodass der Deckel nun, ohne von ihrer Hand gehalten zu werden, in ihrem Auge klebt. Sie dreht sich um und geht weg. Samt meinem Deckel im Auge.

Ich weiß nicht recht, wie mir geschieht, und blicke zu Jakob hinüber, der leise kichernd meinen Blick erwidert. Sein Lächeln nimmt mir schlagartig die Angst, die sich eben noch in mir breitmachte. Ein mulmiges Gefühl bleibt jedoch: Wo bin ich hier?

Ich bin auf der geschlossenen Station einer psychiatrischen Klinik, im Sommer 2006. Ich bin vierzehn Jahre alt und fasziniert von diesem Ort. Hier kommt niemand so einfach rein oder raus. Bevor wir den Raum betraten, mussten wir an einer schweren Tür klingeln, unsere Namen nennen und erklären, was wir hier zu suchen hatten. Wir durften hinein, weil Besuchszeit war und wir zu Jakobs Mutter wollten, die nun seit einigen Tagen hier drin war. Das kam regelmäßig vor. Immer mal wieder ließ sie sich selbst einweisen, wenn sie merkte, dass »es nicht mehr geht«. Was das bedeutet, habe ich lange nicht verstanden, aber es war immer interessant zu sehen, wie leicht alle Beteiligten damit umgingen. Wenn es ihr schlecht ging, wurde sie von ihrem Mann in die Klinik gefahren, die Kinder kamen sie regelmäßig besuchen, und wenn es an der Zeit war, kam sie eben wieder nach Hause. Das wiederholte sich regelmäßig, und alle taten so, als wäre es das Normalste auf der Welt. War es natürlich nicht. Also, nicht in meiner Welt. Ich kannte zu diesem Zeitpunkt niemand anderen, der eine psychische Erkrankung hatte, und erst recht nicht gab es diese Person in meiner Familie. Das war etwas ganz Neues für mich.

Auf besagtes Treffen folgten weitere. Während Jakob mit seiner Mutter über Gott und die Welt sprach, sah ich mich gerne um und beobachtete die anderen Menschen. Da waren wirklich eigenartige Dinge bei den Patienten zu beobachten. Ich erinnere mich an eine Frau, die mit Orangen jonglierte und nebenbei Dinge vor sich hin sagte, die keinerlei Sinn ergaben. Oder an einen Mann, der vor dem Fernseher im Gemeinschaftsraum an ein Krankenhausbett gefesselt war, obwohl er ganz ruhig zu sein schien. Ich fragte mich jedes Mal, was wohl in den Köpfen dieser Menschen vorging? Die Mutter meines Freundes saß hingegen einfach da und rauchte ihre Zigaretten, wie immer. Beinahe schon enttäuschend.

Wenn sie die Klinik verließ und wieder nach Hause kam, war das Abenteuer vorerst vorbei. Ich weiß noch, dass ich sie einige Wochen lang ausfragte, nach ihrer Krankheit und ob mein Freund das auch bekommen würde, und sie beantwortete meine Fragen und erzählte spannende Geschichten von ihren Aufenthalten in der Klinik. Ich äußerte den Wunsch, mich mal einige Zeit dort einschließen zu lassen, um die Leute in Ruhe über einen längeren Zeitraum beobachten zu können. Natürlich wurde dieser Wunsch nur müde belächelt, aber ich träumte davon, mal eine Weile als teilnehmender Beobachter die Geschlossene zu erforschen. Doch wie kam man dazu? Wenn man sich nicht einschließen lassen konnte?

Die Recherche nach Berufen und Studiengängen im Internet war eine Qual. Ich wurde förmlich erschlagen von Portalen, die »Berufsfindung« anbieten. Das, was man gezwungenermaßen in der Schule mitmachen musste, gab es also auch online. Und es machte ähnlich wenig Spaß. Mein Problem mit Berufsfelderkundungen war, dass ich immer alles irgendwie spannend fand, mir aber nicht vorstellen konnte, jeden Tag bis ans Ende meines Arbeitslebens dasselbe zu machen. Einmal bekamen wir in der Schule ein Gedankenspiel als Aufgabe: »Angenommen du bekommst jeden Monat eine Summe Geld, von der du Leben kannst – was würdest du beruflich machen wollen?«

Ich überlegte, und mir kam ziemlich schnell in den Sinn, was ich machen würde: Ausbildungen. Bis an mein Lebensende alle möglichen Ausbildungen. Zum Kfz-Mechaniker, damit ich mich um mein Auto kümmern kann. Zum Heizungsinstallateur in der Hoffnung, Arbeiten am Haus selbst erledigen zu können. Zum Bootsbauer, weil ich als Nebenjob zu dieser Zeit in einer Werft Boote geschliffen habe und mir die Arbeit mit Holz Spaß gemacht hat. Zum Verwaltungsfachangestellten, um Organisation zu lernen. Zum Verkäufer, um mein Auftreten zu verbessern. Fluggerätemechaniker wäre auch cool. Es gab so viele coole Dinge, die man meistern konnte, warum sollte man sich auf eine Sache spezialisieren?

Das war natürlich nicht das Ziel des Gedankenspiels. Wir sollten in uns hineinhorchen, was uns glücklich machen würde, und entdecken, dass die Berufswahl nicht an sogenannte extrinsische Faktoren wie hohes Einkommen, Anerkennung oder Ähnliches gekoppelt werden durfte. Obwohl mir das schon längst klar war, wollte sich niemand so richtig mit meiner Antwort darauf zufriedengeben. Ich hatte keine Lust, mich auf einen Beruf festzulegen, warum auch? Meine Eltern hatten auch verschiedene Berufe in ihrem Leben gehabt.

Mein Vater war Offizier bei der Bundeswehr gewesen, und wenn er stolz von seiner Zeit als Soldat erzählte, unterschieden sich die Geschichten sehr deutlich von denen meiner Freunde, die in den 2010er-Jahren dienten. Zur Freude meiner Familie quittierte er den Dienst nach der Wende, weil es »von da an keine Feinde mehr gab«, und wurde Tanzlehrer. Das mag jetzt etwas eigenartig klingen, doch das Tanzen war seine Leidenschaft, und ihr ging er nach, als er eine Tanzschule eröffnete und von da an »Schritteverkäufer« wurde. »Ich kann nur Tanzen und Töten«, scherzte er häufig. Die Bundeswehrzeit befähigte ihn jedoch offensichtlich über das Töten hinaus, Menschen zu führen, was ihn zu einem erfolgreichen Chef machte. Ich war Teil des ersten Jahrgangs, der von der Wehrpflicht befreit wurde, aber selbst wenn nicht, hätte ich wohl Zivildienst geleistet. Entgegen der Erwartung vieler lernte ich das Soldatentum als recht liberal kennen, und mein Vater hat meine Brüder und mich nie dazu gedrängt, den Dienst an der Waffe anzutreten.

Meine Mutter hat Hotelfachfrau gelernt. Nach langer Selbstständigkeit als Chefin von zwei Gaststätten bediente sie auf der Expo in Hannover nahezu jedes Adelshaus der Welt. Sie hat es einfach drauf, ist wahnsinnig fleißig und der erste Mensch, der mir in den Sinn kommt, wenn ich an den *American Way of Life* denke. Fleiß und harte Arbeit würden sich lohnen, nur leider bringt die harte Arbeit nach einer Weile auch körperliche Beschwerden mit sich. Nachts zu arbeiten und stundenlang herumzulaufen ist ab einem bestimmten Zeitpunkt im Leben einfach nicht mehr drin. Doch anstatt für die harte Arbeit entschädigt zu werden, schuftete meine Mutter nach ihrer Scheidung stets überqualifiziert in immer wechselnden Jobs, die bei Weitem nicht dazu reichten, als Alleinerziehende drei Kindern ein finanziell abgesichertes Umfeld zu bieten. Und wenn wieder einer ihrer befristeten Verträge auslief, bekam sie bis zum nächsten Job Hartz IV, was einer mittelschweren Katastrophe gleichkam. Denn sich vom Staat aushalten zu lassen stellte in meinem Elternhaus eigentlich keine Option dar, und wir Kinder spürten den Frust deutlich, wenn mal wieder ein Arbeitsvertrag nicht verlängert wurde und meine Mutter die vielen Formulare für das Amt ausfüllen musste.

Taschengeld bekamen wir nicht. Bestimmt auch, weil am Ende des Monats nicht genug übrig blieb, doch ich wurde mit der Maxime erzogen, dass nur selbst verdientes Geld wirklichen Wert hatte. Deshalb arbeitete ich schon während meiner Schulzeit in verschiedenen Nebenjobs.

In der Oberstufe bekamen wir einen neuen Deutschlehrer, der davor an einer deutschen Schule in Istanbul gearbeitet hatte. Er warnte uns immer vor den »Fachidioten« und ermahnte uns, nie mit Scheuklappen durchs Leben zu gehen und den Blick fürs Wesentliche zu verlieren. »Wenn ihr das macht, was euch Spaß macht, dann ist das wahrer Erfolg«, sagte er. Obwohl es nicht auf dem Lehrplan stand, ließ er uns Kafka lesen, »weil jeder Mensch mal Kafka gelesen haben sollte«. Wenn er merkte, dass wir uns für ein Thema nicht interessierten, forderte er uns auf, eigene Themen vorzuschlagen. Wenn wir unsere Hausaufgaben mal vergaßen, meinte er nur: »Ihr bestraft euch damit schon genug selbst.« Ich hatte nie so viel Spaß und so gute Noten in der Schule gehabt wie im Deutsch-Leistungskurs in der Oberstufe. Der Lehrer sprach meine Sprache. Ich hatte mich vorher immer durch den Deutschunterricht gemogelt, denn ich las nicht gerne. Seit wir in der siebten Klasse *Damals war es Friedrich* lesen mussten, hatte ich kein Buch mehr angerührt. Und dann kam dieser neue Lehrer, der uns Texte empfahl, nicht weil es vom Kultusministerium vorgeschrieben war, sondern weil er sie persönlich als lesenswert erachtete. Und ich verstand schnell, was ihm an der Lektüre gefiel. Ich war verliebt in diese herrlich kurzen Texte Kafkas, die trotzdem so voller Inhalt steckten. Bis heute habe ich die *Kleine Fabel* bestimmt einige hundert Male gelesen, und ich freue mich jedes Mal wieder, wie viel Inhalt mit so wenig Worten ausgedrückt werden kann.

Lehrer an einer Schule zu werden kam trotz meiner Begeisterung für die Didaktik meines Deutschlehrers nie infrage. Ich war so froh über die Vorstellung, die Schule zu verlassen und nie wieder in diese Institution zurückzukehren, dass das schlichtweg keine Option war. Doch Lehrer hatten immerhin mit Menschen zu tun. Und Menschen faszinierten mich. Als Kfz-Mechaniker, Heizungsinstallateur, Bootsbauer hatte man immer dieselben Materialien und Modelle vor der Nase, die man nach Schema F behandelte. Bei Menschen war das anders, denn keiner gleicht dem anderen.

Ein abwechslungsreicher Beruf musste her. Mit Menschen. Gerne gut bezahlt. In meiner jugendlichen Unwissenheit kannte ich nur den Beruf des Psychiaters, der diese Anforderungen abdeckte. Na ja, und Auftragskiller. Ich entschied mich aber aufgrund des niedrigeren Berufsrisikos für den Psychiater.

»Dann musst du studieren gehen«, war der gut gemeinte Rat meiner Mutter.

Genial. Studieren. So richtig, an einer Uni. Einige meiner entfernten Verwandten haben auch studiert. Leider habe ich zu denen keinen Kontakt. Aber als in den Neunzigerjahren geborener *Digital Native* gab es andere Möglichkeiten. Ok Google, wie werde ich Psychiater?

Das Internet wusste: Psychiater sind Ärzte. Aber Arzt werden? So mit Dreißig-Stunden-Schichten im Krankenhaus, hundert Jahren Studium und bettelnden Pharmavertretern um sich herum? Dank diverser Serien und Filme kannte ich mich zu diesem Zeitpunkt schon bestens mit dem Ärztedasein aus. Solange kein Turk auftaucht wie in der Fernsehserie *Scrubs*, um mit mir gemeinsam den Weg bis zum Facharzt zu gehen, würde ich das ganz sicher lassen.

Ich bin zudem schon immer eine Niete in Biologie und Chemie gewesen. In der Chemie passiert alle hundert Jahre mal etwas Neues, weil ein zerstreuter Professor versehentlich zwei Substanzen zusammenmischt, die eigentlich nicht zusammengehören. Als Dank dafür erhält er den Nobelpreis, dotiert mit knapp einer Million Euro, und irgendeinem Asteroiden oder Element wird sein Name gegeben (unabhängig von dessen Klang). Und Biologie? Da kommt gar nichts dazu, ganz im Gegenteil, da verschwinden täglich irgendwelche Arten. Ich studiere doch nicht etwas, dessen Forschungsspektrum sich quasi von selbst auflöst. Ich vermute ja, dass es in hundert Jahren gar keine Biologen mehr gibt – weil es keine Biologie mehr gibt. Aber ich schweife ab.

Arzt zu werden schied kategorisch aus. Psychiater gerne, aber ohne Arzt. Und wie wir alle wissen, ist ein Psychiater ohne Arzt ein Psychologe. Die Berufswahl war getroffen: Ich werde Psychologe. Danke, Google.

Ohne Sinn und Verstand

Ich kann gut Bewerbungen schreiben. Wirklich. Das habe ich aber nicht in der Schule gelernt, sondern von meiner Mutter. Wie bereits erwähnt, ist sie gelernte Hotelfachfrau und hat nicht nur selbst zahlreiche Bewerbungen geschrieben, sondern auch Erfahrung im Personalwesen. Auftreten ist alles, wenn man im Service arbeitet. Eine gelernte Hotelfachfrau als Mutter zu haben bringt viele Nachteile mit sich, die sich aber später in Vorteile wandeln: Ich habe sehr früh gelernt, mit Besteck zu essen. Und zwar nicht wie Otto Normal, sondern mit allerlei Spezialgedöns, das man von außen nach innen abarbeitet. Essen wurde bei uns zu Hause immer zelebriert. Es durfte nie jemand aufstehen, bevor nicht alle fertig waren. Jeder musste kniggegerecht Haltung annehmen und das Besteck richtig benutzen. Super nervig, als ich zehn war. Jetzt, mit Mitte zwanzig, bin ich froh über die Crashkurse in Esskultur. Nicht nur, weil ich mich auf öffentlichen Veranstaltungen gut benehmen, sondern auch diese Menschen von jenen unterscheiden kann, die es eben nicht gelernt haben. Das gilt für die Kundschaft eines Restaurants übrigens genauso wie für das Personal. Wenn der Kellner nicht von rechts bedient, während der Mahlzeit vergisst zu fragen, wie denn das Essen sei, oder nach dem Essen keinen Espresso oder Kaffee anbietet, dann denke ich an meine Mutter und wie sie dem armen Kerl in der Küche nach Feierabend die Hölle heißmachen würde. Das ist Wissen, mit dem man als Gastro-Kind groß wird. Und eben Bewerbungen schreiben.

Das Ganze brachte mir nur herzlich wenig, als ich mich für einen Studienplatz bewarb. Die Hochschulen verlangten nämlich fast ausnahmslos Onlinebewerbungen, die nichts mehr mit dem klassischen Stil von Bewerbungen auf Papier und anschließenden Vorstellungsgesprächen zu tun hatten. Zunächst fragte mich ein Formular, wann und wo ich die allgemeine Hochschulreife erworben hatte. Die allgemeine Hochschulzulassung war das Abitur, und als ich meine Bewerbungen vorbereitete, verstand ich zum ersten Mal, was der Unterschied zwischen dem Abitur und dem Fachabitur zu bedeuten hatte: Manche Studiengänge gab es nur an einer Uni und manche nur an einer Fachhochschule. Wenn ich Sozialpädagoge werden wollte, konnte ich das nicht an einer Uni. Oder Design studieren. Ging auch nicht. Dafür dann so etwas wie Erziehungswissenschaften oder Kunstgeschichte. Aber wo waren da überhaupt die Unterschiede?

Als ich merkte, wie viele offene Fragen es bezüglich des Studiums gab, pausierte ich mit meiner Bewerbungsphase. Das funktionierte bei den Onlinebewerbungen ganz gut, die speicherten nämlich alles zwischen. Man konnte ein paar Angaben machen und, wenn man nicht weiterwusste, einfach zu einem späteren Zeitpunkt fortfahren.

Ich irrte etwas umher, schließlich hatte ich mein Abitur in der Tasche und wusste nicht genau, wie es weitergehen sollte. Ich wusste nur, dass meine Mutter gemeinsam mit ihrem neuen Mann ein kleines Haus angemietet hatte und in naher Zukunft mit meinem jüngsten Bruder umziehen würde. Ohne meinen mittleren Bruder, der während seiner Ausbildung zum Industriemechaniker bereits so viel Geld verdiente, dass er eine eigene Wohnung hatte. Und ohne mich, dem ältesten Sohn mit Studienwunsch, aber ohne richtigen Plan. Ich brauchte Hilfe.

Da mein Berufswunsch mehr oder weniger feststand, suchte ich online nach Psychologen in meiner Nähe und vereinbarte ein Interview. Eine Psychologin erklärte sich bereit, sich mit mir zu treffen und meine Fragen zu meinem Traumberuf zu beantworten. *Long story short,* es war erschütternd. Ich lernte dabei nämlich eine ganz entscheidende Tatsache: Psychologe wurde man nicht durch das Psychologiestudium. Die Psychologin erzählte mir zunächst von dem hohen Mathematikanteil des Studiums und dass sie das ja völlig unterschätzt hatte. Als sie das Diplomstudium dann abgeschlossen hat, folgte eine mehrjährige Berufsausbildung zur Therapeutin. Diese kostete in ihrem Fall zehntausend Euro.

Ich wollte nicht glauben, was ich hörte. Zehntausend Euro? *Nach* dem Studium noch? Ich hatte mich bereits über Studienfinanzierung informiert, und mir war klar, dass mein Abschluss kaum ohne Schulden erreichbar sein würde. Aber nach dem Studium noch mal so eine Menge Geld in die Hand nehmen? Das kam unerwartet. Ebenso unerwartet waren ihre weiteren Ausführungen über den Ärger mit der Kostenübernahme durch die Krankenkassen, die Anmeldung ihrer eigenen Praxis, die komplizierte Zusammenarbeit mit den Ärzten (Psychiatern) und so weiter und so fort.

Das Schwierigste war jedoch ihre Darstellung des täglichen Jobs: Sie sagte, man sei als Therapeut eine Art Begleiter für Menschen in einer bestimmten Phase ihres Lebens. Die Schwierigkeit sei es, anschließend loszulassen und den Patienten sein Leben allein weiterleben zu lassen. Das raubte mir endgültig die Nerven. Ich dachte, man sitzt mit geistig total umnachteten Typen in der Geschlossenen! Beobachtet die über Jahre hinweg und notiert, wie sie auf gewisse Reize reagieren! Hat interessante Fälle und entdeckt den Menschen an sich und alles Drumherum! Pustekuchen! Psychologen sind hochverschuldete Stressmenschen, die erst dann richtig arbeiten, wenn sie ihre Patienten wieder vergessen. Das kann doch nie und nimmer mein Traumjob sein! Das kann doch nicht der Traumjob von irgendjemandem sein!? Was für Menschen machen so etwas?

»Psychotherapeuten haben im Idealfall selbst eine kleine Macke«, ist der Satz, mit dem mir die Interviewpartnerin gegen Ende des Gesprächs deutlich zeigte, wie viel Ahnung ich von der ganzen Materie »Jobwahl und Studium« eigentlich hatte. Nämlich genau null.

Studienberatung: Jobwahl und Studium

Wenn man in seinem familiären Umfeld keine Akademiker hat, ist man bei der Aufnahme eines Studiums auf andere Unterstützung angewiesen. Die Schule bietet dabei – zumindest in meinem Fall – herzlich wenig Hilfe. Ich kann mich an eine Lehrerin erinnern, die uns unbedingt »wissenschaftliches Arbeiten« beibringen wollte. Ich bin ihr bis heute dafür dankbar, doch ein Crashkurs in Studiengängen hätte mir zu diesem Zeitpunkt mehr gebracht. Spätestens nach dem Abitur fragt man sich nicht nur, was man mal werden will, sondern auch, wie man das erreicht.

Neben den üblichen, der breiten Masse bekannten Studiengängen, gibt es eine Vielzahl von Bildungsmöglichkeiten an deutschen Hochschulen, von denen die meisten Menschen noch nie etwas gehört haben. Die Palette an Studiengängen reicht von »Angewandte Sexualwissenschaften« (Hochschule Merseburg) bis zu »Zupfinstrumente« (Hochschule Köln). Derzeit gibt es an den zirka 350 Hochschulen etwa 14500 Studiengänge, von denen knapp 9000 mit einem Bachelor abgeschlossen werden können. Die anderen sind sogenannte Aufbaustudiengänge, die beispielsweise mit einem Master beendet werden. Magister- und Diplomstudiengänge laufen aus.

Nun ist es aber keineswegs so, dass diesen 14500 Studiengängen exakt 14500 Jobs zugewiesen werden können. Als jemand, der aus einer Arbeiterfamilie kommt, war es einer meiner größten Denkfehler zu glauben, dass sich Studiengänge wie Ausbildungsplätze verhalten würden. Der Maurerlehrling wird Maurer, der Schlosserlehrling Schlosser. Und wer eine Ausbildung zum Versicherungsvertreter macht, wird Arschloch. Jedem Ausbildungsgang ist exakt eine Berufsbezeichnung zugewiesen. Ganz anders beim Studium. Selbst Studiengänge für unkreative Menschen, wie Rechtswissenschaften, bieten im Anschluss mehr, als nur Anwalt zu werden.

Juristen können Jura. Die einen sind gut im Steuerrecht, die anderen mögen Strafrecht, manche können sogar alles. Die Alleskönner werden Richter oder, wenn sie richtig *crazy* sind, Notare. Die meisten werden jedoch gar nichts. Man sagt, dass nur etwa die Hälfte aller Jurastudierenden das erste Staatsexamen bestehe und dass die Zahl der Anwälte hierzulande ohnehin viel zu hoch sei. Juristen trifft man demnach vor allem im öffentlichen Dienst als Beamte oder in anderen Studiengängen, weil sie durchs Examen gefallen sind und jetzt noch alibimäßig irgendeinen anderen Bachelor mit Recht hinterherstudieren.

Ingenieurstudiengänge bieten da eine größere Auswahl an Berufen, die aber eigentlich egal ist. Denn wenn man hierzulande auf die Frage, was man beruflich macht, einfach nur »Ingenieur« antwortet, wird man ohnehin von allen angehimmelt. Dass man vielleicht für VW Abgaswerte schönt oder für BP Bohrlöcher in den Golf von Mexiko sticht, ist vollkommen zweitrangig. Deutsche Ingenieurskunst ist nicht zu kritisieren, und dabei belasse ich es auch.

BWL studiert man genau aus einem Grund: um reich zu werden. Die meisten BWLer haben aber ohnehin schon die Perspektive, die Firma der Eltern zu übernehmen, weshalb das Studium eigentlich nur Formsache ist. Diejenigen, die aus Unwissenheit über ihre Zukunft BWL studieren, sind meist schnell erschüttert, wie viele BWLer es auf dem Markt gibt und wie schwer es ist, damit eine interessante Stelle zu bekommen – wenn man nicht ohnehin aus einer Unternehmerfamilie stammt, in der jeder BWL studiert haben *muss*.

Richtige Auswahl hat man natürlich mit einem Studium der Geistes- oder Sozialwissenschaften. Für Germanistik, Soziologie, Philosophie, Politikwissenschaft, Erziehungswissenschaft, aber auch Psychologie gibt es keine genaue Berufsbezeichnung. Unser Prof sprach in der Vorlesung *Grundbegriffe der Soziologie* einmal davon, dass nur etwa ein Prozent der Soziologiestudenten tatsächlich mal als Soziologe arbeiten würde. Dass die meisten Menschen glauben, man werde mit einem geisteswissenschaftlichen Studium Taxifahrer, lässt den Horizont erahnen, in dem hierzulande über diese Studiengänge gedacht wird.

Um sich in der Masse von Studienangeboten zurechtzufinden, gibt es einige Aspekte, die man berücksichtigen sollte.

1. *Gesellschaftliche Anerkennung:* »Irgendwas mit Zahlen« genießt mehr Anerkennung als »Irgendwas mit Medien« gefolgt von »Irgendwas mit Menschen«. In einer Gesellschaft, in der man an seinem Kontostand gemessen wird, ist der Investmentbanker natürlich deutlich cooler als der Sozialarbeiter. Ähnlich verhält es sich dementsprechend mit dem Abschluss. »Irgendwas of Arts« ist in den Augen vieler gar kein richtiger Abschluss. Ist ja auch eher Kunst, wie der Name bereits erahnen lässt. »Irgendwas of Science« hingegen ist viel besser. Das »Science« im Abschluss verspricht zwar mehr Aufwand im Studium, aber auch ein deutlich höheres Einkommen. Doch wer beharrlich glaubt, das »Science« im akademischen Grad stehe für Wissenschaft, dem lege ich nahe, mal die Bachelorarbeit eines Elektrotechnikers von einem Sozialwissenschaftler korrigieren zu lassen.

2. *Studienort:* »Ich will lieber in Heimatnähe bleiben« ist genauso Unfug wie: »Ich muss unbedingt nach Berlin, weil die Stadt am coolsten ist«. Ein Beispiel aus meinem Studentenleben: Als Soziologiestudent, dem Menschen interviewen genauso schnuppe ist wie Fragebögen machen und rechnen, war ich an der Uni Bielefeld bestens aufgehoben. Schwerpunkt an der Uni waren Theoriegebilde, allen voran die sehr abstrakte und komplizierte Systemtheorie Niklas Luhmanns. Ich persönlich bin ein absoluter Fan davon, viele sind es nicht. Eine Menge meiner Kommilitonen hat sich bereits in den ersten Semestern verabschiedet, den

Standort gewechselt oder das Studium ganz aufgegeben. Ein Großteil ist nach dem Bachelor nicht für den Master geblieben, sondern hat ihn an einer anderen Hochschule – weit weg von Luhmann – angetreten. Worauf ich hinaus will: Studiengänge unterscheiden sich von Standort zu Standort enorm. Wer von seiner Studienzeit etwas haben will, der verzichtet besser auf Erwägungen wie: »Aber dann kann ich noch bei meinen Eltern wohnen«, oder: »Die Veganerszene in der Stadt ist einfach viel größer«, wenn es um die Wahl der Uni geht.

3. *Aufwand:* Wie schon erwähnt, kann man anhand des Abschlusses grob erkennen, wie viel Aufwand in einem Studium steckt. »Science« ist dabei in aller Regel aufwendiger als »Arts«, ungeachtet der Erkenntnisse im Studium. Wer möglichst wenig Zeit in der Uni und mehr mit dem Leben verbringen will, dem rate ich zu einem geisteswissenschaftlichen Fach. Wer hingegen Lust hat, für die nächsten drölf Semester kein Sonnenlicht mehr zu sehen, der kann sich gerne mit seinen Jurakumpels in die Bib einschließen. Ist jedem selbst überlassen.

4. *Kosten:* Ja, ein Studium kostet Geld. Zwar sind die Studiengebühren hierzulande abgeschafft worden, doch es gibt nach wie vor Semesterbeiträge, die sich stark von Standort zu Standort unterscheiden. Darüber hinaus unterscheiden sich die Lebenshaltungskosten von Stadt zu Stadt: In München muss man einfach etwas mehr Geld für Unterkunft und Leben auf den Tisch legen als in Bremen. Man muss also mehr Geld während des Studiums verdienen und hat demnach weniger Zeit, sich dem Studium zu widmen. Ganz abgesehen davon, dass Metropolen wie Berlin, Hamburg

oder München einfach auch mehr Ablenkungsmöglichkeiten bieten als die Walachei. Ein Kumpel von mir sagt, er wäre gern nach Berlin gegangen, doch die Szene dort würde ihn »aufsaugen und nie wieder loslassen« – was er damit auch gemeint haben mag ...

5. *Hochschule:* Es gibt unterschiedliche Hochschularten. Universitäten kennt man ja. Darüber hinaus gibt es aber auch noch Fachhochschulen. Denen sagt man nach, sehr viele praxisorientierte Studiengänge zu haben, während das Angebot an Universitäten eher wissenschaftlich und theoretisch zu sein vorgibt. Die Hochschulen in öffentlicher Hand haben den Vorteil, dass das Studieren recht günstig ist. Ein Studium an einer privaten Hochschule dagegen kostet mehr Geld, man hat danach aber auch eine Jobgarantie. Und man kann quasi gar nicht durchfallen. Denn häufig wird im Klassenverband gelehrt, und die Privatdozenten ziehen jeden noch so unbegabten Studenten mit. Deshalb hört man an meiner (öffentlichen) Uni häufiger die abfällige Bemerkung, Studierende privater Hochschulen würden sich ihren Abschluss »erkaufen«.

Wer das alles berücksichtigt, kann bei der Studiengangswahl eigentlich nicht mehr viel verkehrt machen. Aber selbst wenn: Eine Umschreibung in einen anderen Studiengang ist immer möglich. Natürlich gibt es bürokratische Hürden, beispielsweise fragt das BAföG-Amt früher oder später mal nach, was man eigentlich mit seinem Leben anstellen möchte. Aber es ist absolut keine Schande, sich noch mal umzuentscheiden und das Wirtschaftswissenschaftsstudium aufzugeben, um doch noch etwas Vernünftiges wie Romanistik zu studieren.

Kapitel 2:
Aller Anfang ist Bier

Da ich unbedingt studieren wollte, blieb mir nichts anderes übrig, als meine Bewerbungen fertigzustellen. Psychologie sollte aber nach dem Jobinterview mit der Psychologin nicht die einzige Option bleiben. Ich bewarb mich nach dem Wikipedia-Prinzip: Fachrichtung googeln – Wikipedia-Eintrag lesen – entscheiden, ob ich das cool finde oder nicht. Eine engere Auswahl traf ich anhand der Dinge, die mir in der Schule Spaß machten.

In meinem Politik-Leistungskurs hatte ich mal eine Arbeit über Monetarismus und Keynesianismus angefertigt und das ziemlich spannend gefunden. Nächtelang zerbrach ich mir während meiner Schulzeit den Kopf über Gesellschaftstheorien. Geschichte und Politik waren meine Lieblingsfächer. Einer meiner engsten Freunde, David, leistete mir bei meinen Überlegungen häufig Sparring. Während ich mich für Marx und die Idee des Sozialismus begeisterte, war er immer etwas nationalistischer und neoliberaler. Die Gespräche, die wir führten, endeten nie in Mord und Totschlag, sondern basierten stets auf gegenseitigem Respekt, auch wenn wir unterschiedlicher in unseren Meinungen nicht hätten sein können. Links und rechts waren für uns Überzeugungen, die man in Diskussionen vertreten konnte, mit denen wir uns aber nicht voneinander abgrenzten oder Gewalt gegen wen oder was auch immer rechtfertigten. Heute bin ich übrigens deutlich konservativer, und er ist der linke Spinner.

Ich bewarb mich meinen Interessen entsprechend für Wirtschaftswissenschaften. Da man bei einigen Universitäten auch einen Zweit- und Drittwunsch angeben konnte, fügte ich meinen Bewerbungen häufig Politikwissenschaften hinzu. Auch Psychologie war ein Fach, auf das ich mich bewarb, aber nicht mehr mit dem Ziel, Therapeut zu werden, sondern weil die Inhalte spannend waren. Wenn die Uni es anbot, wählte ich auch Soziologie aus. Insgesamt muss ich mich an zirka dreißig Universitäten auf eine Kombination aus diesen Studiengängen beworben haben.

Relativ schnell bekam ich die ersten Rückmeldungen per Post. Allesamt Absagen. Das machte mir aber nichts, ich wusste ja, dass ich enorm viele Bewerbungen geschrieben hatte, und irgendeine Uni würde schon zusagen. Einen Favoriten hatte ich nämlich nicht. Hauptsache, erst mal an die Uni, alles Weitere würde sich dann ergeben. Es dauerte nicht lange, bis auch die ersten positiven Rückmeldungen ankamen.

Bielefeld war die erste Universität, die mich haben wollte. Eine Google-Suche ergab, dass Bielefeld *die* Adresse für Soziologen war, da die Uni bei theoretischen Grundlagen ganz vorn mitspielte. In Bielefeld hatte ich eine Bekannte, die ich mal auf einer Party in Hannover kennengelernt hatte, und ich empfand die Zusage als Aufforderung, mich mal wieder bei ihr zu melden. Sie lud mich ein und zeigte mir die Stadt. Es war Hochsommer, und im Oetkerpark saßen viele junge Menschen, spielten Spiele auf dem Rasen oder chillten in der Sonne. Die Stadt selbst war nicht sonderlich hübsch, und ich vermisste das Wasser (und vermisse es bis heute): Bielefeld hat keinen Fluss, keine Badeseen, kein Meer. Aber Bielefeld hat eine wahnsinnig tolle Uni, eins der coolsten Gebäude, die ich je gesehen habe. Während die Studenten in Hannover von einem Ende der Stadt zum anderen fahren mussten, um Seminarräume zu wechseln, war in Bielefeld alles auf einem Fleck. Eine Campus-Uni. Mit eigener Post, Sparkasse, Dönermann (!) und sogar einem eigenen Schwimmbad. Auch die Verbindung war super: Aus Hannover brauchte ich zirka anderthalb Stunden mit der Bahn. Ich sagte mir zwar von Anfang an, dass der Standort egal sei, doch die Tatsache, dass ich auch in Zukunft noch leicht meine Familie und Freunde besuchen könnte, gefiel mir dann doch recht gut.

Pumpen

»Guck mal, die Wohnung kostet nur 250 Euro.« Begeistert lenkte ich die Aufmerksamkeit meiner Bielefelder Freundin auf das entsprechende Angebot in der Zeitung.

»Joa, aber das ist in Baumheide«, entgegnete Eva.

Wir saßen seit einigen Minuten an ihrem Küchentisch in

Bielefeld und studierten den Wohnungsmarkt in der Zeitung, die uns ihre Mutter gegeben hatte.

»Und?«, fragte ich unwissend.

»Da willst du nicht wohnen.«

Woher will sie das denn wissen, dachte ich mir. Ich habe Zeit meines Lebens auf einem Dorf mit nicht mal 200 Einwohnern gelebt, mir war eigentlich recht egal, wo ich wohnte, Hauptsache, es war bezahlbar und was los!

»Komm mal mit«, forderte mich Eva auf. Ich folgte ihr kommentarlos, wir gingen ins Büro und setzten uns vor den PC. Sie öffnete YouTube und tippte »hardsoul pumpen« ein. Bei dem Musikvideo, das jetzt abspielte, dachte ich anfangs, es handelte sich um ein Comedy-Format.

»Das ist Baumheide«, sagte Eva ziemlich ernst, während eine Horde südländischer Typen mit kurdischer Flagge zu elektronischem Beat vor einem Baumheide-Schild poste. Das Video sah aus, als hätte ein Zwölfjähriger eine Kamera mit Fischaugenobjektiv geschenkt bekommen und müsste die jetzt auf Teufel komm raus mit seinen Kollegen ausprobieren.

»Das ist ...« Ich pausierte. »... ernst?« Ich war etwas verwirrt und konnte meine Augen nicht vom Bildschirm lösen. Ich verstand nur die Hälfte des undeutlichen Raps und war zunehmend amüsiert über die Performance der Darsteller.

»Lass uns weitersuchen.« Eva lachte und riss mich aus meiner Vorstellung, wie es wohl in Baumheide aussehen mag. Ich stimmte ihr aber zu, und wir gingen wieder an den Küchentisch.

Eine Stunde später verließ ich ihre Wohnung mit einem Zettel, auf dem drei Telefonnummern und Notizen standen, und fuhr nach Hause.

Ich hatte mich längst damit angefreundet, nach Bielefeld zu ziehen. Zwar bekam ich nach wie vor Zusagen von anderen Universitäten, doch die waren mir egal. Ich wollte nur raus, eine eigene Wohnung haben und mein Studium aufnehmen. Und das machte ich jetzt eben in Bielefeld. Also verabredete ich mich zu drei Wohnungsbesichtigungen, legte sie mir alle auf einen Tag und lieh mir das Auto meiner Eltern, um auf eigene Faust meine neue Wohnung zu finden.

»Wo ist die Toilette?«, fragte ich den Hausmeister.

»Aus der Wohnungstür raus, gegenüber«, antwortete der graue Mittfünfziger, der die gesamte Führung über mit einem Minimum an Worten ausgekommen ist. »Bis Mittwoch brauche ich Bescheid, ob du es nimmst«, sagte er mir zum Abschied.

Ich war leicht verwirrt und verließ das Haus, das von außen aussah, als wäre es im Krieg zerstört und nie wiederaufgebaut worden. Die Adresse in der Nordstadt war mein erster Termin, und ich war trotz des Rückschlags noch recht gelassen und zuversichtlich, heute endlich meine neue Wohnung zu finden.

Die Uni hatte mir bereits bestätigt, dass mein Semesterbeitrag eingegangen war, und mir daraufhin einen vollgepackten Umschlag geschickt, in dem sich neben einer Broschüre über die Stadt laut Anschreiben auch der sogenannte Leporello befand. Ich hatte das Wort bis zum Zeitpunkt des Öffnens nie gehört, war mir aber sicher, dass das irgendwas Cooles, Studentisches sein musste. Und tatsächlich: Auf einem gefalteten DIN-A4-Blatt stand mehrfach mein Name und dass ich als Haupthörer in den Studiengang »1-Fach-B.A. Soziologie«

eingeschrieben sei. Ich konnte mich daran erinnern, bei der Bewerbung ein Häkchen bei »1-Fach-B.A.« gemacht zu haben, doch ich hatte keine Ahnung, was das bedeutete. Zusätzlich waren zwei abtrennbare Teile dabei. Einer für die Krankenkasse und einer, auf dem nur »Bescheinigung nach § 9 BAföG« stand. Ich hatte die Sachen erst mal liegen gelassen und mir vorgenommen, mich später darum zu kümmern. Zunächst musste ich eine Wohnung finden.

Wohnung Nummer zwei war in der Innenstadt, und das Haus war von außen das Gegenteil von dem, das ich eben gesehen habe. Ein älterer Herr öffnete mir die Tür und führte mich zu seiner Nachbarwohnung.

»Meine Tochter hatte die Wohnung lange, aber die ist jetzt zum Studieren nach Berlin gegangen.«

Hmm, dachte ich und betrat die Wohnung. Sie bestand aus einem langen Flur und drei Zimmern, eines davon war die Küche, die wie aus dem Ei gepellt vor mir lag.

»Haben alles neu machen lassen«, erklärte mir der alte Mann das Offensichtliche.

Na endlich, dachte ich ungeduldig und richtete meine neue Wohnung in Gedanken bereits ein. Hier das Wohnzimmer, da das separate Schlafzimmer, Küche war groß genug für einen massiven Esstisch ...

»Der Preis in der Zeitung war noch der alte, wir sind jetzt bei 150 Euro Miete mehr, haben das noch nicht geändert«, warf der Opa ein, und schon zerplatzten meine Einrichtungsträume.

Zwei Wohnungen an einem Tag, und ich war bereits fertig mit den Nerven. Wie hart musste das erst für Studenten in Städten sein, in die die Leute wirklich hinziehen *wollten*?

Umziehen ist Scheiße, ganz besonders in eine neue Stadt. Ich hatte früh aufstehen müssen, um die 150 Kilometer mit dem Auto zurückzulegen, war trotz vier Kaffee immer noch müde und wollte einfach, dass es klappte. Mit der Wohnung, dem Umzug, der neuen Stadt und mir. Zur Not hätte ich sicher in der ersten Wohnung wohnen können, aber nicht auf Dauer. Gut, an den Geruch hätte ich mich gewöhnt, und nach einem bisschen Putzen und mit neuen Vorhängen hätte man durchaus was rausholen können, aber ... Allein zu wohnen schien wirklich teuer zu sein, zumindest für meine Verhältnisse.

Ich setzte alle Hoffnung in die dritte Besichtigung und fuhr in eine recht ländliche Gegend im Süden der Stadt. Bielefeld war sehr weitläufig, in einem Moment war man noch in der Innenstadt, und fünf Minuten später konnte es passieren, dass man sich im absoluten Dorf befand, ohne die Stadt verlassen zu haben. Ich kam bei einem recht gepflegten Haus an, in dem sich das Apartment befinden sollte.

»Zweieinhalb Zimmer, ohne Küche, aber mit 'nem nigelnagelneuen Badezimmer«, sagte der Makler zur Begrüßung. Er trug Anzug und wirkte nur unwesentlich älter als ich.

»Und der Preis?«, fragte ich vorsichtig.

Er kramte in seiner Mappe herum, als wüsste er es nicht aus dem Kopf, und erwiderte: »350 kalt, wie angegeben.«

Ich war erleichtert, nach der spontanen Erhöhung des Opas von vorhin hatte ich alles für möglich gehalten, aber zumindest auf die Immobilienprofis war Verlass!

»Plus die Maklerprovision von 2,5 Kaltmieten und die Kaution«, fügte er schnell hinzu.

Shit. Maklerprovision ist mein ganz persönliches Unwort des Jahres 2011. Die Miete hätte ich sicher wuppen können, aber erst mal so viel Geld in die Hand nehmen, nur um eine Wohnung zu bekommen? Damit hatte ich nicht gerechnet. Warum war das alles aber auch nur so teuer? Ich musste ja unbedingt alles allein machen und es ohne die Hilfe meiner Eltern versuchen.

Ich saß im Auto und bereute es, so unvorbereitet auf Wohnungssuche gegangen zu sein. Drei Termine, drei Reinfälle. Niedergeschlagen und ohne Wohnung wollte ich den Rückweg antreten. Der Tank des Wagens war leer, und ich brauchte dringend noch einen Kaffee, also machte ich mich erst mal auf den Weg in die Innenstadt. Sparkasse suchen, Kaffee, Tanken, nach Hause, neuer Anlauf in einigen Tagen, dann aber nicht mehr auf eigene Faust. Eine Bank war schnell gefunden. Am Jahnplatz, dem Mittelpunkt Bielefelds, stand ein altes, wirklich cooles Mauerwerk, in dem die Sparkasse untergebracht war. Ich steckte meine Karte in den Automaten, wählte fünfzig Euro und erhielt ein Veto von dem Gerät: »Derzeit sind keine Transaktionen von Ihrem Konto möglich.«

Ich zog Kontoauszüge, verfluchte meinen überpünktlichen, geldgeilen Mobilfunkanbieter und tippte die Nummer meines Vaters ins Handy. »Papa, ich hab hier ein kleines Problem.«

Die Angestellte der Bank sagte, so eine Eilüberweisung könne durchaus einige Stunden dauern. Der Tag, der bisher alles andere als gut verlaufen war, war nun im Begriff, der schlimmste Tag des Jahres zu werden. Pleite und ohne eine neue Wohnung saß ich in einer fremden Stadt auf den Treppen der Sparkasse am Jahnplatz und checkte alle fünf Minuten den Kontostand am Automaten unter den kopfschüttelnden Blicken der Bankangestellten. Vielleicht soll das nicht sein mit Bielefeld und mir, dachte ich und starrte in die Fußgängerzone, als plötzlich neben mir ein Mann unverständlich schimpfend aus der Bank kam. Der Mann trug einen Tam, die bunte gehäkelte Mütze der Rastafari, unter dem lange Dreadlocks hervorschauten. Den kenne ich doch, dachte ich mir, und mein Blick ging ihm nach. Er drehte sich um, murmelte noch irgendetwas Abfälliges über die Bank und verschwand in der Fußgängerzone. Hatte ich da gerade den Reggaekünstler Uwe Banton in Bielefeld gesehen? Ich holte mein Handy raus und schrieb einem Freund aus der Szene.

»Klar, der wohnt da. Bielefeld hat auch 'ne ziemlich abgefahrene Musikerszene, musst' mal googeln«, war seine Antwort.

Mir fiel auf, dass ich gar nicht wirklich über die Stadt Bescheid wusste. Eva hatte mir das Video aus Baumheide gezeigt, dass Dr. Oetker in Bielefeld Rang und Namen hatte, wusste man, wenn man Straßenschilder lesen konnte, aber was eigentlich in der Stadt los war, davon hatte ich keine Ahnung. Google verriet mir, dass zwar nicht so viele bekannte Musiker in der Stadt lebten, dafür jedoch übermäßig viele Comedians einen Bezug zu Bielefeld hatten. Oliver Welke, Ingo Oschmann, Ingolf Lück, Abdelkarim ... Ich beschloss, die Zeit sinnvoller zu nutzen, stand auf und lief durch die Innenstadt. Es war echt viel los, überall tummelten sich Menschen, die Läden und Lokale waren voll, und ich war echt angetan von der Kulisse. Die Altstadt war voller kleiner Läden, die teilweise enorm teure Produkte in ihren Schaufenstern hatten. Die Bahnhofstraße hingegen bot etwas bekanntere Anlaufstellen. C und A und H und M und so weiter. Schnell vergaß ich die Sorgen um die Wohnung und meine finanzielle Notlage und verlor mich in der Stadt. Musiker traf ich keine mehr, aber in einem war ich mir am Abend, als ich im Auto nach Hause fuhr, sicher: Bielefeld und ich – das konnte klappen.

Einige Tage später war ich wieder zurück. Eine Recherche bei Freunden und Verwandten hatte ergeben, dass Wohngemeinschaften in Bielefeld weit verbreitet waren. So wurde mir die »Orangenkiste« als Anlaufstelle Nummer eins genannt. Das orangene Gebäude lag sehr zentral und in der Nähe zum Bielefelder Westen, der für seine hohen Mieten und schönen Wohnungen bekannt war. Das Studentenwohnheim wurde jedoch subventioniert und ermöglichte es Studierenden, trotz ihres knappen Einkommens in der begehrten Gegend zu leben. Einen Platz bekam ich in diesem Haus nicht, aber auf einem Onlineportal, das sich auf WG-Anzeigen spezialisierte, hatte ich mich noch auf andere Zimmer beworben und so ein paar Adressen und Nummern abgestaubt, mit denen ich diesmal durch die Stadt zog.

Die erste WG, die ich besichtigte, war im Zentrum direkt neben dem Bahnhof und hatte fünf Wohnplätze. Natürlich hatte ich Vorurteile gegen WGs. Ein Freund von mir hatte neben seiner Ausbildung in einer gelebt, und sein Mitbewohner war so schlimm gewesen, dass er bald wieder bei seinen Eltern einzog. Jetzt war ich selbst dabei, eine WG zu besichtigen, und versuchte meine Vorurteile zu vergessen.

Ich betrat eine riesige Altbauwohnung. Der lange Flur stand voller Gerümpel, und vor den Türen, hinter denen sich die Zimmer befanden, standen haufenweise Schuhe. Am Ende des Flurs ging es zur Küche. Zwei Mädchen und ein Typ saßen mir gegenüber und boten mir Leitungswasser an. In der Ecke der rechteckigen Küche ging eine Tür zum Balkon, auf dem anscheinend für jeden Mitbewohner ein eigener Aschenbecher und eine Kiste Bier standen.

»Hast du schon WG-Erfahrung?«, fragte der Typ knapp und direkt.

Ich verneinte und erzählte, dass ich bald anfangen würde, Soziologie zu studieren.

»Oh, ein Ersti«, reagierte eine potenzielle neue Mitbewohnerin eher abfällig. »Wie alt bist du noch mal?«

Was folgte, waren Fragen über Fragen zu meiner Herkunft, meinen Berufszielen, meinen Hobbys, meiner Kenntnis Bielefelds und so weiter und so fort. Es war wie bei einem beruflichen Bewerbungsgespräch, fast wie gescriptet. Dabei hatte ich viele der Fragen bereits beantwortet, als ich mich online für den Platz beworben hatte. Ich fühlte mich unwohl, auch wenn die Wohnung für den angebotenen Preis echt cool aussah und mir beide freien Zimmer gefielen. Als ich zurück ins Auto stieg – diesmal mit vollem Tank –, war ich dennoch erleichtert. Es gibt also doch coole Wohnungen zu bezahlbaren Preisen. Man musste sie sich halt nur teilen.

Die zweite WG, bei der ich mich vorstellte, bestand aus zwei Frauen und war am Rathaus, direkt neben einer Straßenbahnstation. Judith, 25, öffnete mir die Tür. Sie war sehr groß und schlank, echt attraktiv und nuschelte ein wenig. Ich dachte erst, sie sei high, aber es stellte sich heraus, dass sie immer so sprach. Sie führte mich direkt durch die Wohnung, erklärte mir, dass das Internet gerade neu gemacht worden sei (»Die Pornos laufen ruckelfrei.«) und die Vermieterin in Hamburg wohne, also keine spontanen Kontrollbesuche stattfanden. Damit habe sie in ihrer letzten Wohnung Stress gehabt. Nachdem sie mir die Wohnung gezeigt hatte, setzten wir uns in die Küche, »in der gerne auch geraucht werden darf«, und plauderten über Gott und die Welt, meinen ersten Fehlversuch, in Bielefeld eine Wohnung zu bekommen, meine Entscheidung, eine WG zu suchen, meine Freunde, die ich zurücklassen werde. Judith erzählte mir von ihrem Freund, ihrer Familie, ihren Hobbys, es war viel besser als in der anderen WG. Als wir auf das Studium zu sprechen kamen, erzählte sie, dass sie Politikwissenschaft studierte und bald ihren Bachelor machen würde. Wie sich herausstellte, haben Politikwissenschaftler und Soziologen an der Uni die gleichen Einführungsveranstaltungen. Als ich die Wohnung verließ, sagte ich meine anstehenden Termine ab und Judith zu. Sie war beeindruckt von meiner schnellen Reaktion und freute sich, nach langer Suche einen neuen Mitbewohner zu haben.

Ich zog ein, ohne die andere Mitbewohnerin näher kennengelernt zu haben.

Studienberatung: Wohnungssuche

Wer allein wohnt, ist selbst schuld. Gerade, wenn man zum Studium in eine fremde Stadt zieht, sind WGs die beste Möglichkeit, gleich Leute um sich zu scharen, die entweder ebenfalls neu sind oder es aus irgendeinem Grund nicht geschafft haben wegzuziehen. Außerdem wohnt man viel günstiger und macht auch fantastische Erfahrungen im menschlichen Umgang. Damit man aber nicht versehentlich in einer Zweckgemeinschaft mit lauter überstundengeplagten Berufstätigen landet, muss man bei der Suche einige Dinge beachten.

Die richtigen Mitbewohner finden: Natürlich bietet ein Mitbewohner-Casting von dreißig Minuten keinen umfassenden Einblick in die Persönlichkeit deiner neuen Begleiter. Aber Menschen entscheiden ihre Sympathie füreinander ohnehin in den ersten sieben Sekunden. Und wenn dein Bauchgefühl dir verrät, dass deine Mitbewohner die Wohnung nur der Vollständigkeit halber haben, weil sie eigentlich 24/7 in der Bib hängen und jedes Wochenende zu ihren Eltern fahren – lass es bleiben und such weiter. Denn das WG-Leben ist nur dann schön, wenn es auch stattfindet.

Denke voraus: Im Schnitt bekommt jeder Student einmal in seinem Studentenleben eine Abmahnung für Filesharing oder Post vom Inkassobüro (eigene Datenerhebung, nicht repräsentativ). Auch wenn er dir vorher eher sonderbar und durchweg nervös vorkam: Der selten anzutreffende Jurastudent in deiner WG ist in so einem Fall alle Mühen wert. Gut sind auch Elektrotechniker (Herd reparieren), Informatiker (Computer reparieren) und Chemiker (Drogenconnection). Aber hüte dich vor BWLern. Die sind wirklich *useless as fuck*, tragen nur ihre Nasen hoch und haben nichts drauf, was dir in deinem WG-Haushalt irgendwie helfen könnte. Gott sei Dank wohnen die meisten eh allein in ihrer von Papa finanzierten Eigentumswohnung und leben an allen anderen richtigen Studenten vorbei. Besonders schlimm sind die BWLer, die von sich behaupten, sie seien gar keine typischen BWLer. Denn das sind die typischsten BWLer von allen.

Wohn nicht zu weit ab vom Schuss: Früher oder später willst du auch mal andere Menschen sehen als deine Mitbewohner. Besonders wenn der bei dir wohnende Jurist kurz vor dem letzten Versuch für sein Staatsexamen ist und du das Gefühl hast, er könnte selbst kurz vor einem Tötungsdelikt stehen. Wenn du in diesem Fall auf dem Land wohnst, von wo keine Busse und Bahnen mehr in die Stadt zu deinen anderen Freunden fahren, kannst du seinem Blutdurst nicht mehr entkommen. Davon abgesehen, ist es auch wichtig, nicht *nur* WG-Partys zu feiern, sondern auch mal in eine Kneipe zu gehen, um frische Gene in die WG zu bringen.

Wenn der Vermieter im selben Haus lebt: Lauf weg! Im Leben eines Studenten kann es vorkommen, dass er am Ersten des Monats noch nicht direkt die Miete überweisen kann. Es soll Vermieter geben, die einen am Zweiten dann morgens aus dem Bett klingeln, um Vorträge zu halten, dass es so was zu *ihrer* Zeit noch nicht gegeben habe. Was wahr ist, schließlich sind sie Vermieter und haben damit sehr wahrscheinlich reiche Eltern, die ihnen die erste Eigentumswohnung aus dem Ärmel schüttelten.

Wenn du im Casting sexuelle Spannung spürst: Vergiss es! Die absolut wertvollste Regel im WG-Leben ist wohl: *Don't fuck the company!* Wenn du jemanden von deinen potenziellen Mitbewohnern scharf findest, kannst du danach gerne noch rumbaggern – aber lass es mit dem Einzug. Du ziehst ja auch nicht mit deinem Freund oder deiner Freundin nach der ersten gemeinsamen Woche Beziehung in eine gemeinsame Wohnung. Aus gutem Grund. Natürlich gibt es auch hier Ausnahmen, die die Regel bestätigen. Zwei meiner engsten Freunde aus Bielefeld haben sich in einer WG kennengelernt und sind seit Jahren ein glückliches Paar. Trotzdem rate ich davon ab, denn die Wahrscheinlichkeit, eines Tages von Flammen geweckt zu werden, weil deine Ex die gemeinsame Wohnung angezündet hat, ist wesentlich größer als die, WG-intern die ewige Liebe zu finden.

Putzpläne sind spießig, aber sinnvoll: Man versinkt im WG-Leben wirklich sehr schnell im Chaos. Ein Putzplan verhindert das zwar nicht, doch man kann das Chaos einer Person zuordnen und schnell die Schuld von sich weisen, auch wenn man die Unordnung verursacht hat. Hat deine besichtigte WG einen Putzplan, hast du eine Sorge weniger.

Verbindungshäuser: Sie locken dich mit lächerlich niedrigen Mieten, und ehe du dich versiehst, hast du einen Degen im Gesicht, der eine hässliche Narbe hinterlässt, die du von nun an mit Stolz tragen sollst. So ein Unfug. Bitte tritt keiner Studentenverbindung bei. Das viele Gratisbier ist es nicht wert.

Gütertrennung: Ein Schluck Milch oder ein Stück Butter kann man ohne große Bedenken von seinen Mitbewohnern stibitzen, das geht klar, und solange es nicht zur Gewohnheit wird, fällt das auch keinem auf. (Liebe Lea, ich besorg morgen neue Milch, echt!). Aber rühre nie – und ich meine: *nie* – fremdes Bier an, ohne zu fragen. Das ist ein absolutes No-Go und unverzeihbar. An dieser Stelle möchte ich ein von meiner WG entwickeltes Verfahren der Bieraufteilung vorstellen, dessen Nutzungsrecht du mit Kauf dieses Buchs erhalten hast: die Bierliste.

Exkurs: Bierliste

Wer kennt es nicht: Man kommt nach einem harten vierstündigen Unitag am frühen Nachmittag in die WG zurück und möchte sich ein Bier aufmachen, aber findet keins im Kühlschrank ...

Ich kenne das nicht. Ha! Denn ich habe immer Bier zu Hause. Dank eines ausgeklügelten Systems, an dem ich jahrelang mit anderen hauptberuflichen Studenten und hoch angesehenen Wissenschaftlern tüftelte, kann ich heute getrost sagen, dass Biermangel der Vergangenheit angehört. *Ladies and gentlemen*, ich präsentiere: die Bierliste®.

Die Bierliste ist eine Liste, auf der eine Anzahl von Bieren vermerkt wird. Überraschend, ich weiß. Sie beinhaltet alle Namen der Mitbewohner plus einige weitere Blankoreihen, denen handschriftlich Namen hinzugefügt werden können. Sollte ein Mitglied der Bierliste nun ein Bier aus dem Kühlschrank nehmen, macht es einen Strich hinter seinen Namen auf der Bierliste.

Die Bierliste hängt immer in der Nähe des Kühlschranks aus, in dem das Bier verstaut wird. Wir haben in der WG zusammengelegt und einen Kühlschrank nur für Bier gekauft, den wir in unserer grenzenlosen Kreativität »Bierkühlschrank« nennen. So ein Bierkühlschrank erleichtert das sachgemäße Führen der Bierliste ungemein, vorausgesetzt, man hat keine Mitbewohner, die den Bierkühlschrank für Essen zweckentfremden (was in Einzelfällen vorkommt, aber niemals geduldet werden darf). Als Kollektiv fällen alle Mitbewohner die Entscheidung, welche Biersorte als WG-Bier festgelegt wird. In der Regel macht man dabei Abstriche beim

Geschmack und Zugeständnisse beim Preis. Wir haben uns auf Wicküler geeinigt, und ich hoffe, dass ich für die Erwähnung der Dortmunder Brauerei in diesem Buch einen Gratiskasten für meine WG bekomme. Neben dem Stift, der immer in der Nähe der Bierliste vorhanden ist, muss ebenfalls ein Textmarker bereitliegen. Der Clou an der Sache ist: Bei jedem Kauf von Bier markiert die Person, die das Bier gekauft hat, einen Bereich auf der Bierliste mit dem Textmarker. Dieser Bereich gilt als bezahlt und kann nun fleißig mit Strichen bestückt werden. Die Größe der zu markierenden Fläche wird durch die Höhe des Einkaufspreises bestimmt, wobei ein Bier immer etwas weniger wert sein sollte als ein Strich. Kostet das Bier beispielsweise neunzehn Cent im Einkauf, rundet man mit der Wertigkeit auf der Bierliste gerne auf 25 Cent auf – ein bisschen Verlust ist immer. Zusätzlich kann es passieren, dass ihr sehr durstigen Besuch habt. Diesem ermöglicht ihr durch die vorher frei gelassenen Blankofelder auf der Bierliste, ebenfalls von der geordneten Biervergabe zu profitieren.

Die Person, die mit den Strichen über den eigenen markierten Bereich hinauskommt, ist an der Reihe, Bier zu kaufen. Mit der Bierliste sorgt man nicht nur für ein faires Wer-viel-trinkt-muss-viel-kaufen-System, sondern kann gleichzeitig am Ende des Semesters ausrechnen, wer wie viel Bier getrunken hat – und diese Aufstellung auf die neue Bierliste drucken. Derjenige mit den meisten getrunkenen Bieren darf fortan den Titel Bierkönig tragen, bis ihn ein anderer Mitbewohner ablöst. Das System Bierliste funktioniert mit beliebig vielen Mittrinkern und hilft auch bei WG-Größen, bei denen herkömmliche Bierorganisationsverfahren an ihre Grenzen stoßen.

Die WG

Im September 2011, einen Monat vor Studienbeginn, zog ich in meine erste WG. Meine beiden Mitbewohnerinnen luden zu meinem Einzug einige Freunde ein, und wir verbrachten einen sehr interessanten Abend in unserer Küche.

»Und was studierst du?« wollte eine Freundin der neuen Mitbewohnerinnen wissen.

»Soziologie.«

»Sogar was Vernünftiges«, entgegnete sie lachend.

Ich wusste nicht recht, wie ich darauf reagieren sollte. Ist ein Studium nicht immer vernünftig? Ist Soziologie vernünftiger als andere Studiengänge? Und woran macht man das fest, ob ein Studiengang *vernünftig* ist?

Sie selbst studierte Politikwissenschaften. Auch was Vernünftiges. Überhaupt studierten alle Gäste der Party was Vernünftiges. Neben angehenden Soziologen und Politikwissenschaftlern gab es in der Runde auch einige Erziehungswissenschaftler und Sozialwissenschaftler. Worin die genauen Unterschiede der Studiengänge bestanden, wusste ich nicht. Alle schienen ein paar Kurse gemeinsam zu haben, was mich zusätzlich verwirrte.

»Wie meinst du das, vernünftig?«, wollte ich wissen.

»Na ja, du kannst damit alles machen. Wie ich auch.«

Das verwirrte mich noch mehr, und an der Art und Weise, wie sie redete, war keine klare Grenze zwischen Sarkasmus und Ernst zu erkennen. Ich hielt mich etwas zurück und lauschte den Gesprächen der vernünftigen Studenten.

Wie sich zeigte, sind Gespräche unter Studenten etwas ganz Eigenes. Hatte ich mich die Wochen zuvor noch viel mit Schulfreunden über Mietpreise, Studienstandorte und Zukunftsperspektiven unterhalten, waren die Themen hier ganz andere: Zwischen Nebenjob-Lästereien und Wutreden auf konservative Politiker unterhielten sich meine Mitbewohnerinnen und ihre Kommilitonen hauptsächlich über die Uni. Leistungen, die noch zu erbringen sind, Deadlines, die man nicht einhalten kann, und Dozenten, bei denen es gute Noten geschenkt gibt.

Wenn ich mal nachhakte, was genau sie damit meinten, bekam ich durchweg die gleiche Antwort: »Das siehst du noch früh genug«, ehe sie sich darüber lustig machten, dass ich ein »Ersti« sei.

Mir machte das aber nichts aus, ich fragte trotzdem immer wieder. Ich war so gespannt auf den Unistart. Bisher wusste ich nur, dass ich meine Kommilitonen bei einer Eröffnungsvorlesung das erste Mal sehen würde, um anschließend ein Treffen mit der Fachschaft zu haben. Ich war supernervös und wollte gut vorbereitet sein.

Einige Tage nach der Party kamen mich zwei Freunde aus Hannover besuchen. Der eine machte ein Praktikum, das er fürs Fachabitur brauchte, der andere war Auszubildender im Metallbau. Wie sich zeigte, kann man nur schwer mitreden, wenn man kein Student ist. »Und, was studierst du?«, ist eine übliche Grußformel von Studenten, weil irgendwie alle davon ausgehen, dass Gleichaltrige auch studieren, ungeachtet der Möglichkeit, dass es sich um einen Azubi handeln kann, der einfach nur bei seinem Studentenfreund zu Besuch ist und deshalb vor einem steht. Bereits in der Gesamtschule hatte ich Freunde in allen Schulformen und fand es befremdlich, wenn sich meine Mitschülerinnen und Mitschüler über die angebliche Dummheit von Hauptschülern lustig machten. Ein ähnliches Gefühl hatte ich nun wieder.

Die Tage vor dem Studienanfang verbrachte ich damit, mit meinen Mitbewohnerinnen durch die Stadt zu ziehen. Beide waren fünf Jahre älter als ich und kannten sich bereits aus, hatten ihre festen Freundeskreise und versuchten mich zu integrieren – vergeblich. Ich war neu und auf der Suche nach Abenteuern, und die beiden lebten ihre normalen Strukturen mit den erfahrenen Freunden. Es fiel mir schwer, mich an das Studentenleben zu gewöhnen. Die Uni hatte für meine Mitbewohnerinnen bereits begonnen, doch es kam mir so vor, als habe sich nichts an ihrem Tagesablauf geändert. Wir gingen unter der Woche auf Partys, hatten beinahe jeden Tag Besuch von ihren Kommilitonen und tranken eigentlich immer Alkohol.

Das WG-Leben funktionierte recht gut. Es war ziemlich lasch organisiert, jeder machte mal sauber, aber einen richtigen Plan gab es nicht. Ich muss sagen, dass das nie wieder so gut geklappt hat wie bei Judith und Esther. Bestimmte Produkte wie Gewürze, Putzutensilien und Küchenrollen kauften wir immer gemeinschaftlich, aber eine WG-Kasse gab es nicht. Wir haben uns irgendwie arrangiert, und wir konnten einander auch mal darauf hinweisen, wenn wir uns ungerecht an den Ausgaben beteiligt fühlten. Das Zusammenleben von uns dreien lief wirklich entspannt, auch wenn ich eigentlich nur Kontakt zu Judith hatte und Esther nie ernstere Gespräche mit mir führte. Eine der seltenen Ausnahmen von dieser Regel gab es, als ich mal Klopapier für die WG gekauft hatte. Verständnislos brachte mir Esther entgegen: »Das müssen wir doch nicht kaufen! Das klauen wir aus der Uni.«

Von da an kaufte ich kein Klopapier mehr, sondern klaute es aus den Unitoiletten. Am besten ging man in den oberen Etagen der Uni auf Klorollenjagd. Die Rollen dort waren meist noch voll, und manchmal standen auch Ersatzrollen daneben. Dann hatte man wieder Vorrat für einige Wochen. Qualitätsunterschiede habe ich nie gemerkt, auch wenn Judith behauptete, dass das Klopapier der Jurafakultät am hochwertigsten sei. Manchmal hatten wir fünfzehn, zwanzig Rollen im Bad stehen, weil wir alle zur gleichen Zeit auf Streifzug waren.

Die WG-Partys waren immer klasse. Meist waren es gar keine richtigen Partys, sondern einfach nur Sit-ins, die aus fünf bis zehn Leuten bestanden. Wir saßen zusammen, tranken Wein und Bier und unterhielten uns über Unigedöns. Für mich als Erstsemester enorm spannend, da ich von den höheren Semestern viel Wissen einsaugen konnte: Welche Profs waren gute Betreuer für Arbeiten, welche Seminare sind am spannendsten, wie überlistet man die Unibürokratie …?

Recht schnell verstand ich, dass Dinge wie die Voraussetzungen für den Erhalt von BAföG, das Einhalten der Regelstudienzeit und Aufschübe von Deadlines eher relativ betrachtet werden müssen. Denn Mittel und Wege fanden sich offenbar immer. Die vielen Dinge, die ich an den Unigesprächen der anderen nicht verstand, konnte ich nach meinem Semesterstart zwar immer noch nicht ganz verstehen, doch das Interesse an Uniinhalten und Bürokratie verblasst schnell angesichts der vielen neuen Eindrücke.

Gut, vielleicht auch weil ich in der ersten Woche des Studiums mit Sicherheit einige Millionen Gehirnzellen über den Jordan schickte.

Unistart

Die erste Woche des Studiums ließ sich mit einem Wort zusammenfassen: Alkohol. Die Orientierungswoche (wahlweise auch »Erstiwoche« oder »O-Woche«) bot den Studierenden die Möglichkeit, Organisatorisches zu klären, die Kommilitonen kennenzulernen und sich dabei vollkommen aus dem Leben zu schießen. An jeder Fakultät wurde die Orientierungswoche von der jeweiligen Fachschaft vorbereitet. In den Fachschaften haben sich die besonders engagierten Studenten zusammengeschlossen, und man konnte sie mit allen möglichen Fragen zum Studium behelligen wie eine Art Telefonseelsorger. Der erste Unitag lief etwa so ab:

10:00 Uhr: Einführungsvorlesung »Grundbegriffe der Soziologie«;

11:30 Uhr: Treffen mit der Fachschaft vor dem Audimax;

11:35 Uhr: Aushändigen von Fragebögen für eine anstehende Stadtrallye und Bier;

12:00 Uhr: in Kleingruppen die Stadt unsicher und dabei spaßige Sachen machen wie Bier trinken oder noch ein Bier trinken.

Ich weiß nicht mehr ganz genau, was an diesem Tag sonst passiert ist. Ich weiß nur, dass ich überglücklich und übebetrunken um achtzehn Uhr im Bett lag und seelenruhig schlief.

Sollte das sechs Semester so weitergehen, würde ich danach sicher eine Entziehungskur brauchen.

Am zweiten Tag war ein Katerfrühstück geplant, zu dem es die Hälfte des Studiengangs nicht schaffte. Anschließend war ich verabredet mit einigen Kommilitonen, um an unseren Stundenplänen zu arbeiten. Bisher wurde alles über einen

Mailverteiler geklärt, und wie der Plan nach der O-Woche aussehen sollte, wusste zu diesem Zeitpunkt niemand so genau. In der Schule bekam man am ersten Tag nach den Ferien seinen Stundenplan vorgesetzt. An der Uni war das anders. Wir wälzten uns durch das Modulhandbuch und begannen Kurse auszuwählen. Dass dabei überall im Handbuch »vorläufig« stand, verwirrte uns zwar, hielt uns aber nicht davon ab, das gesamte Studium zu planen.

»Ganz im Ernst, eigentlich schafft man das auch in fünf Semestern.«

»Auf jeden Fall! Guck mal, wie wenig das ist.«

»Regelstudienzeit von sechs Semestern ist voll großzügig gewählt.«

»Ich werde im ersten Semester schon mehr Punkte sammeln, als ich eigentlich müsste.«

Sätze unserer verkatert-illustren Runde. Wenn ich mir das heute ins Gedächtnis rufe, muss ich laut über unseren realitätsfernen Optimismus lachen.

Ein Abend der O-Woche ist mir besonders gut im Gedächtnis geblieben. Wir waren mit anderen Erstsemestern in einer Kneipe, und ich traf einen Studienanfänger, der tatsächlich einen der begehrten Plätze im Psychologiestudium ergattert hatte. Ich war ganz klar aufgrund meines Abiturdurchschnitts von 2,3 nicht für die Psychologie zugelassen worden. Er hingegen bestätigte mir auf Rückfrage, ein 1,0-Abitur gemacht zu haben. Ich war beeindruckt und wollte mehr darüber wissen.

»Was hattest du für Leistungskurse?«

»Pädagogik und Deutsch.«

Ich sah ihn verwundert an. Pädagogik wurde an meiner Schule gar nicht angeboten. »Und als drittes?«, fragte ich.

»Wie, als drittes? Wir hatten nur zwei.«

Der Psychologiestudent erzählte mir, dass er in Nordrhein-Westfalen Abitur gemacht und insgesamt nur zwei Leistungskurse und zwei weitere Prüfungskurse gehabt hatte. Ich hingegen hatte mein niedersächsisches Abitur in drei Leistungskursen und zwei zusätzlichen Prüfungskursen ablegen müssen. Aber war da nicht etwas mit Zentralabitur?

Wie sich herausstellte, bezog sich die Vereinheitlichung nur auf die Abschlussarbeiten pro Bundesland. Das war jedoch nicht alles: Meine neue Kneipenbekanntschaft erklärte mir, dass er die Leistungskurse in der Oberstufe sehr viel freier auswählen durfte als ich in Niedersachsen. So viel zum Thema Zentralabitur, dachte ich. Der junge Mann erzählte mir strahlend, dass er sich für Psychologie beworben habe, da es seiner Abschlussnote entspreche und keineswegs, weil er sich eine berufliche Zukunft mit dem Fach vorstellten konnte. Da wäre ich am liebsten im Dreieck gesprungen: Ich, der seit Jahren interessiert an dem Studiengebiet war, ging leer aus, weil jemand, der einfach unter ganz anderen Bedingungen gute Noten bekommen hatte, mir den Platz klaute. *Check your privilege*, Mann! Und was sollten erst bayerische Abiturienten sagen, die ja anscheinend die schwierigsten Arbeiten schrieben?!

Inzwischen bin ich froh, dass ich das stressige Psychologiestudium nicht aufnehmen konnte, sondern die Soziologie kennenlernte.

Studienberatung: Studienorganisation

»Man sieht zu jeder Stunde so viele Studenten auf der Straße, dass man sich manchmal fragt, wann sie eigentlich arbeiten. Einige tun es, andere nicht. Jeder kann für sich selbst entscheiden, ob er arbeiten oder sich in seinen Freizeitvergnügungen ergehen will; denn das deutsche Universitätsleben ist ein sehr freies Leben; es scheint wenig Vorschriften zu geben.«

Mark Twain, 1880

Was Twain auf seiner Europareise am Ende des neunzehnten Jahrhunderts erlebte, klingt wie das Klischee vom Studentenleben. Tatsächlich hat sich im letzten Jahrhundert jedoch viel verändert: Nicht zuletzt durch die Einführung des Bachelor-Master-Systems sind Studiengänge vereinheitlicht worden. Eins der Ziele der Bologna-Reform war nämlich die bessere internationale Vergleichbarkeit der Abschlüsse. In Zeiten der Globalisierung scheint das durchaus angebracht zu sein, doch zum Vorbild für die Angleichung wurde ausgerechnet das US-amerikanische Studiensystem genommen. Würde Twain heute über das Studentenleben an deutschen Hochschulen schreiben, ich glaube, ihn würden lediglich die vergleichsweise niedrigen Kosten verblüffen. Alles in allem müsste er eine Geschichte von überfüllten Hörsälen und Verschulung erzählen. In meinen ersten Seminaren gab es immer eine Handvoll Studierender, die im Flur saß und versuchte, durch die geöffnete Tür die Inhalte des Seminars zu erhaschen.

Die Bedingungen für den Abschluss sind großenteils durch die Modulhandbücher vorgefertigt. Viel Wahlfreiheit hat man nicht. Sechs Semester sind es laut Vorgabe meist bis zum Bachelor. In den Handbüchern stehen auch Empfehlungen, in welchem Semester man mit welchen Kursen beginnen soll. Für die Teilnahme an einem Kurs erhält man nicht nur eine variable Note, sondern auch eine feste Anzahl Punkte. Die Studieninhalte sind natürlich von Fach zu Fach unterschiedlich, aber gemeinsam haben alle Bachelorabschlüsse, dass dafür insgesamt 180 Punkte erbracht werden müssen. Wie man an diese Punkte kommt, ist recht straff geregelt.

Laut European Credit Transfer System (ECTS) sollen für einen Punkt 25 bis 30 Arbeitsstunden erbracht werden, was natürlich grober Unfug ist. Zwar wurden die meisten Studiengänge nach diesem System vereinheitlicht, der tatsächliche Arbeitsaufwand unterscheidet sich jedoch stark von den Vorgaben. Es gibt Seminare, in denen die Leistungen so leicht zu erbringen sind, dass man mit wenigen Stunden auskommt. Andere wiederum sind so arbeitsintensiv, dass man sich fragt, was die in Bologna eigentlich geraucht haben, als sie sich diese Vorgaben überlegten.

Was man im Studium lernt, ist vor allem Selbstorganisation und Zeitmanagement. Besonders wenn man in die Semesterferien startet und noch fünf Hausarbeiten zu schreiben hat, ist die richtige Zeiteinteilung Gold wert. Natürlich klappt das nicht. Nie. Bei niemandem. Jeder, der behauptet, ihm würde es leichtfallen, seinen Studienkram zeitlich zu organisieren, lügt. In einer unserer Einführungsveranstaltungen erzählte unser Professor sogar, dass das Phänomen des Aufschiebens nicht nur Studierenden vorbehalten sei – auch er könne sich bei seinen Seminarvorbereitungen und Forschungen immer wieder nicht aufraffen, suche Ablenkung und schiebe Deadlines auf.

Das hat mir als jungem Student zwar nicht geholfen, meine anstehenden Arbeiten besser zu planen, doch es beruhigte mich ungemein zu wissen, dass es den Profis da nicht anders geht.

Natürlich könnte man das Studium auch in fünf Semestern beenden, und es gibt auch eine Handvoll Studierender, die das schafft. Doch der Großteil braucht mehr Zeit. Das liegt nicht nur am sogenannten Prokrastinieren, sondern einfach auch daran, dass die Inhalte der meisten Geisteswissenschaften so umfangreich sind, dass man sich genauso gut ein ganzes Leben mit ihnen auseinandersetzen könnte. An unserer Fakultät hieß es, dass Soziologen, die in der Regelstudienzeit abschließen, auf dem wissenschaftlichen Arbeitsmarkt nicht ernst genommen werden. Wie viel Wahrheit in diesem Gerücht steckt, weiß ich nicht, aber es gibt wirklich enorm viel Stoff, den man sich zusätzlich zu den Seminarinhalten aneignen könnte.

Ich glaube, die Regelstudienzeit können all jene einhalten, die kein Interesse an sozialen Kontakten haben und die zentrale Lage der Bibliothek als Aufforderung verstehen, dort mehr Zeit zu verbringen als sonst wo. Für den Rest gilt es, das eigene Tempo zu finden, ohne sich durch Begriffe wie Regelstudienzeit oder die ständigen Fragen von Verwandten nach der Studiendauer aus dem Konzept bringen zu lassen.

Kapitel 3:
Studienalltag

Neben Partys, Vorlesungen und Seminaren gehen viele Studierende einer weiteren Freizeitbeschäftigung nach: einem Nebenjob. Doch Nebenjobs wollen gut überlegt sein, denn sie kosten Zeit, und die Zeiteinteilung während des Studiums ist echt eine Wissenschaft für sich. Eigentlich gibt es ja immer was zu studieren. Wenn man seine Pflichttexte für die anstehenden Seminare gelesen hat, steht es einem frei, zusätzliche Literatur zu sichten und sich tiefer in das entsprechende Thema einzuarbeiten. Ich kenne Studierende, die das tatsächlich auf die Spitze treiben und von morgens bis abends lesen. Eigentlich haben sie überhaupt keine Zeit für einen Nebenjob, aber dann werden sie vom Professor für die Stelle als wissenschaftliche Hilfskraft auserkoren, weil sie immer so gut vorbereitet sind, und schon bekommen sie Geld dafür, dass sie an der Uni herumhängen. *Eine* Option.

Ich gehörte ganz sicher nicht zu dieser Gruppe von Auserwählten. Zu groß waren die vielen anderen Eindrücke in der neuen Stadt, bei denen das Studium nur einen vergleichsweise kleinen Teil meines Lebens ausmachte. Nachdem ich zwei Monate des ersten Semesters hinter mich gebracht hatte, wurde es Zeit, Geld zu verdienen. Das machte ich bereits, seit ich dreizehn Jahre alt war, weshalb die Suche nach einem Studentenjob keiner langen Überlegung bedurfte. Ich bewarb mich in einem Restaurant und wurde direkt gefragt, ob ich schon Berufserfahrung besitze. Berufserfahrung ist übrigens das Attribut, das in gefühlt neunzig Prozent aller Ausschreibungen verlangt wird. Man fragt sich manchmal, wo man Berufserfahrung sammeln soll, wenn alle Jobs schon Berufserfahrung voraussetzen. Meine ersten Erfahrungen in der Gastronomie bekam ich schlichtweg dadurch, dass ich in einer Gastro-Familie groß geworden bin. Nicht mehr, aber auch nicht weniger.

Arbeit hatte ich immer als notwendiges Übel angesehen. Wie bereits erwähnt, waren meine Eltern nicht mehr in ihren eigentlichen Berufen tätig, und über Jahre hangelte sich meine Mum über Zeitarbeitsfirmen von Job zu Job und war immer im Niedriglohnsektor beschäftigt. Wenn man damit aufwächst, dass Arbeit verfügbar und notwendig ist, aber über das Verdienen von Geld hinaus keinen Sinn erfüllt, ist man als Jugendlicher recht abgeklärt, was Jobs angeht. Während meines Abiturs arbeitete ich in einer Diskothek in Hannover – für sechs Euro die Stunde. Ich begann um 22 Uhr und hörte gegen sieben Uhr auf. Da wir in einem Vorort wohnten, kamen vierzig Minuten Fahrtzeit hinzu. Die Arbeitsbedingungen waren katastrophal. Nicht nur wegen der schwierigen Arbeitszeit, wir wurden regelmäßig von der Chefin drangsaliert. Die hochprozentigen Flaschen wurden stichprobenartig vor und nach jeder Schicht abgewogen, um den Inhalt mit den Bons zu vergleichen. Stellte sich dabei am Ende der Schicht heraus, dass jemand zu viel Alkohol ausgeschenkt hatte (zum Beispiel, weil Bekannte von ihm in der Disko zu Gast waren), wurde es dem Alkoholverschenker vom Lohn abgezogen – oder er wurde einfach direkt vor die Tür gesetzt. Das ganze Arbeitsklima war von Angst geprägt. Für mich gab es aber nie etwas anderes. Ich bin nun mal ein Kind der Agenda 2010. Ich kenne nur Niedriglohn und »es gibt genug andere, die deinen Job machen wollen«. So etwas wie berufliche Selbstverwirklichung war mir lange Zeit völlig fremd – obwohl man meiner Generation gerne nachsagt, nichts mehr zu wollen als das eigene berufliche Wohl. Auf viele mag das auch zutreffen, doch wer wie ich als Kind massiv unter den Arbeitsmarktreformen litt, kennt so etwas schlichtweg nicht. Studieren war für mich auch nicht das Ziel zum Traumjob – den kannte ich ja nach wie vor nicht. Studiert zu haben bot mir in meiner Vorstellung vor allem eins: berufliche Sicherheit.

Nach der Uni und am Wochenende kellnerte ich. Wobei: In Wahrheit verbrachte ich die meiste Zeit damit, herumzusitzen und nicht bezahlt zu werden. Da Gastronomen, um zu überleben, Meister des Sparens sein müssen, werden Aushilfen gerne mal in die Pause versetzt, wenn nicht so viele Kunden da sind. So saß ich an der Bar des Restaurants und las meine Unitexte, während meine festangestellten Kollegen und Kolleginnen arbeiteten. Die Zeit, die ich in Pause gesetzt war, wurde ich auch nicht bezahlt. Das System ging mir ziemlich schnell auf den Sack. Besonders, wenn ich wegen der Arbeit Partys absagte, aufgrund mangelnder Kundschaft aber nicht mal Geld verdiente, obwohl ich anwesend sein musste.

Reallife-Soziologie

In der Gastronomie zu arbeiten war zwar recht undankbar, doch man konnte sich ein paar kleine Boni rausholen, wenn man wusste, wie. In den Soziologie-Grundbegriffen lernte ich, was informelle Kommunikation war. Informelle Kommunikation gab es überall. Am besten untersucht war sie in bürokratischen Organisationen, der gesamte öffentliche Dienst war davon nämlich ganz offensichtlich durchzogen. Ich stand voll drauf. Eine Hand wäscht die andere – den Spruch fand ich schon immer cool, aber jetzt bekam ich auch die wissenschaftliche Bestätigung, dass das Prinzip tatsächlich genial war und ganze Organisationen überhaupt erst am Leben hielt.

Informelle Kommunikation in der Gastronomie geht schon dort los, wo der Kellner einen »Schnaps aufs Haus« vorbeibringt. Normalerweise würde der Gast einen Schnaps bestellen, der Kellner würde ihm diesen bringen und der Gast würde zahlen. Überspringt der Kellner die Order und bringt dem Gast ohne die Bestellung einen Schnaps, wird spannenderweise auch der letzte Schritt des Bezahlens ausgelassen. Doch nicht genug: Der Kellner bringt ein vermeintliches Geschenk, über dessen Vergabe er die Macht hat, und der Kunde sieht sich nicht selten im Zugzwang. Denn egal wie selbstverständlich das Bringen des Extraschnapses ist, der Kunde wird immer mit Dankbarkeit reagieren. Im Idealfall tut er das mit einer Sache, über die *er* die Macht ausübt: mit Geld. Wir nennen das dann Trinkgeld. Wer jetzt behauptet, die Interaktion wäre total simpel und wenig anfällig für Fehler, der denkt nicht weit genug. Man stelle sich vor, es ist acht Uhr morgens und der Gast sitzt mit seiner Frau und seinen Kindern im Lokal und frühstückt.

Gänzlich unpassender Zeitpunkt, dem Gast einen Schnaps aufs Haus zu bringen. Vermutlich würde sich das ebenfalls im Trinkgeld auswirken. Oder in Form einer Beschwerde und der Kündigung. Der richtige Zeitpunkt für den Gratisschnaps ist entscheidend. Es hat mir immer Spaß gemacht, mit den Zeitpunkten zu spielen. Es kann manchmal im wahrsten Sinne des Wortes Gold wert sein, den Gratisschnaps nahe am Anfang zu bringen (wenn ein Kunde schon sichtlich gestresst in den Laden kommt, darf man durchaus humorvoll einen Schnaps anbieten). Es ist kontextabhängig, und ein guter Kellner passt den richtigen Moment genau ab.

Da ich aber meist an der Bar rumsaß oder dahinter Getränke machte, gab es wenige Möglichkeiten, als informeller Kellner zu arbeiten. Wir wurden zwar angehalten, bei einigen Kunden auch mal etwas gratis zu bringen, doch die Möglichkeiten dazu hatte ich aufgrund meiner spärlichen Einsatzzeiten selten. Irgendwann fielen mir Promoter der nahegelegenen Diskothek auf, die regelmäßig ins Restaurant kamen und eine Handvoll Freikarten auf den Tresen legten – die von den Gästen eigentlich immer unbeachtet blieben. Also sprach ich die Werber einfach mal darauf an, ob wir die Karten nicht etwas aktiver verteilen sollten. Ich bot an, die Freikarten bei der jüngeren Kundschaft zusammen mit der Rechnung zum Tisch zu bringen oder ihnen beim Verlassen des Ladens welche in die Hand zu drücken. Eine der Promoterinnen fand die Idee super und sagte, sie würde nachher an der Kasse sitzen, ich könne gerne nach Feierabend auch mal vorbeikommen. Von diesem Tag an zahlte ich – bis zu seiner Pleite – nie wieder Eintritt für den Club. Es war eine Win-win-Situation.

Natürlich müssen Regeln eingehalten werden, wenn man

sich auf Informalität einlässt. Denn im Gegensatz zur formalen Kommunikation lässt sich das informelle Zwischenmenschliche im Falle eines Scheiterns nicht einfach zurücksetzen. Für manche Menschen gilt ein Handschlag schon als Abmachung, für andere nicht. Rein rechtlich ist es zwar eine Verbindlichkeit, wenn es einen Handschlag gab, das ist aber in der Informalität absolut egal. Kein Gesetz der Welt verpflichtet einen dazu, dem Kellner mehr Trinkgeld zu geben, wenn er jemandem unaufgefordert einen Schnaps bringt. Aber es funktioniert trotzdem. Woran das liegt und unter welchen Bedingungen so etwas funktioniert, habe ich in der Soziologie-Vorlesung gehört.

Der Clubbesuch

»Hi, endlich Feierabend?«, fragte mich die Kassiererin.

»Jo, wollte eben noch mein Bier trinken, und dann bin ich auch schon wieder weg«, antwortete ich.

»Na dann, viel Spaß!«

Ich bekam eine rote Verzehrkarte. Die Farbe bedeutete, dass ich vom Mindestumsatz und vom Eintritt befreit war. Der Laden war sehr klein, eine Kellerdiskothek unter einem Asia-Restaurant, die selten gut besucht war, aber ab Donnerstag schon geöffnet hatte. Das zog Studenten mit Lust aufs frühzeitige Wochenende an oder eben jene, die in der Umgebung arbeiteten und nach Feierabend einfach mal abschalten wollten. Hinter der Kassiererin ging es nach rechts die Treppe hinunter und durch eine Tür, und schon stand man quasi direkt auf der Tanzfläche. Links und rechts waren Theken, und geradeaus ging es in den Raucherraum. Wenn ich nach Feierabend gegen ein Uhr das Kellergewölbe betrat, tanzten meist fünf bis zehn Leute auf der Tanzfläche, und eine Handvoll Studenten tummelte sich am Tresen.

Ich holte mir ein Bier, setzte mich auf den Sessel in der Ecke des Raucherraums, von dem man den besten Überblick über die Tanzfläche und die Bar hatte, nahm einen Schluck von meinem Bier und zündete mir eine Zigarette an. Die Kundschaft des Clubs kannte ich größtenteils vom Sehen. Nach so ein paar Monaten in Bielefeld war ich erschrocken, wie dörflich es in einer Großstadt mit über 300 000 Einwohnern sein kann. Erstaunlich oft erkannte ich Gesichter wieder, und wenn ich mich regelmäßig in einer Lokalität aufhielt, kam es mir früher oder später vor, als kennte ich jeden.

»Hast du Feuer?« Eine mir unbekannte Blondine riss mich von meinem Handy hoch. Ich reichte ihr kommentarlos ein Feuerzeug, und sie steckte sich ihre Zigarette an. Mit meinem Handy in der Hand musterte ich sie. Sie war älter als ich, vielleicht Ende zwanzig. Unter ihrem engen Top zeichnete sich ein schlanker Körper ab, sie wirkte äußerst gepflegt und hatte Mühe, ihre schulterlangen Haare vor dem Feuerzeug in Sicherheit zu bringen. Sie gab mir das Feuerzeug wieder und lächelte: »Danke.«

»Kein Ding«, antwortete ich und steckte das Feuerzeug ein, ohne den Blick von ihr zu lassen.

»Bist du allein hier?«, fragte sie und setzte sich neben mich.

»Ja, gerade Feierabend gemacht.« Ich tauschte das Handy

gegen meine Schachtel Zigaretten. Sie war mir vorhin nicht aufgefallen, anscheinend war sie gerade erst gekommen.

»Aber du arbeitest nicht hier, oder?«

»Nee, arbeite quasi nebenan. Bin nur gerne nach Feierabend hier, schön ruhig.«

Sie guckte etwas verdutzt und äffte mich nach: »Ich gehe nach Feierabend in einen Club, weil es da so schön ruhig ist.«

Wir mussten beide über ihre Imitation lachen, mir fiel aber nichts Schlagfertiges ein, weshalb ich die Klappe hielt und noch einen Schluck von meinem Bier nahm.

»Ich bin Maria«, sagte sie.

Nachdem auch ich mich vorgestellt hatte, unterhielten wir uns noch eine Weile über den Laden und unser geteiltes Unverständnis darüber, wie er sich trotz weniger Kundschaft halten konnte. Als unsere Zigaretten im Aschenbecher ausgedrückt waren, wurde sie direkter.

»Wie alt bist du?«, wollte sie wissen.

Da ich Maria attraktiv fand, aber nicht verschrecken wollte, rechnete ich vier Jahre auf mein wahres Alter drauf: »23, und du?«

»Oh, genau mein Alter«, sagte sie und fügte lächelnd: »27« hinzu.

Spätestens zu diesem Zeitpunkt war klar, in welche Richtung das laufen würde.

Wir beide verbrachten in den folgenden Wochen sehr viel Zeit gemeinsam. Wie sich herausstellte, arbeitete Maria als Wissenschaftlerin an verschiedenen Fachhochschulen. Bisher hatte ich mir Wissenschaftler immer anders vorgestellt, mit grauen Haaren und Kittel. Sie aber war zierlich, kleidete sich feminin, und ihre schulterlangen blonden Haare trug sie meist offen. Sie war ganz anders als die Frauen, die ich im Studium kennenlernte. Maria lebte das aus, was viele meiner Kommilitoninnen in ihren Gender-Debatten an den Tischen der WG-Partys predigten. Wie selbstverständlich arbeitete sie in ihrer männerdominierten Arbeit, entschied sich gegen Kinder und lebte ihr Leben einfach, wie es ihr passte. Sie war beeindruckend, und in meinen Augen war sie der gelebte Feminismus. Nie hat sie über ihre Situation gemeckert und nie auf das System geschimpft, sie hat nicht geredet, sondern gemacht. Neben ihrer gelebten emanzipierten Art war sie in einem halben Dutzend Vereinen aktiv und kannte überall irgendwelche Leute. Sie war finanziell unabhängig, konnte stundenlang von Sartre erzählen und liebte gutes Essen. Ich hätte sie gerne mal zu Partys mitgenommen und sie mit meiner Studentengeneration bekannt gemacht, doch es gab einen Haken: Maria hatte nicht nur ebenfalls ihr Alter aufgehübscht – wie sich herausstellte, war sie verheiratet.

Trial and Error

Das erste Semester verging wie im Flug. Nach den Weihnachtsferien blieben meinen Kommilitonen und mir noch knapp zwei Monate bis zu den ersten Semesterferien. Ich saß meine Zeit in den Seminaren ab, las meine Texte und eignete mir die ständig neu dazukommenden Fachbegriffe an. In meiner Freizeit langweilte ich mich in meinem Nebenjob in der

Gastro, ging auf Partys und traf mich regelmäßig, aber nicht ausschließlich mit meiner neuen Bekanntschaft. Seit sie mich über ihren Beziehungsstand aufgeklärt hatte, wusste ich, woran ich war. Abgesehen davon waren wir ohnehin zu unterschiedlich für etwas Ernstes. Sie war die Macherin, die sich ständig neu erfand und scheinbar nie für zwei Momente auf einem Fleck sein konnte, und ich richtete mich recht bequem in meinem neu gewonnenen Studentenleben ein. Zudem waren im ersten Semester sowieso alle noch etwas *flirty* drauf. Es gab unzählige Partys und Veranstaltungen, auf denen man die verschiedensten Menschen treffen konnte. Eines Abends führten Maria und ich jedoch eine Diskussion, die vieles verändern sollte.

»Wieso machst du den Job eigentlich noch?«, fragte sie mich und nahm einen Schluck von ihrem Bier.

»Weil ich Geld dazuverdienen will.« Ich war schon angetrunken und hatte die letzten Minuten gut über meine Chefin hergezogen.

Wir standen vor einer Kneipe, und es dämmerte bereits. Man merkte an diesem Abend im Februar zwar schon deutlich, dass die Tage wieder länger wurden, doch der Frühling war noch weit entfernt. Ich fror mir den Arsch ab und schmiss meine halb aufgerauchte Zigarette in den Standaschenbecher.

»Lass uns mal schnell wieder reingehen«, drängelte ich.

»Frostköttel. Nicht mehr belastbar, die jungen Leute von heute«, warf Maria mir an den Kopf. Sie war auf Krawall aus, das merkte ich. Bevor ich ihr den Gefallen tun konnte, mich zu verteidigen, bog ich ab in Richtung Toilette. Ich hatte keine Lust auf Streit und beschloss, nur noch auszutrinken und dann nach Hause zu gehen. Als ich von der Toilette wiederkam, standen bereits zwei neue Biere neben unseren beinahe ausgetrunkenen Getränken.

»Also eigentlich ...« Ich fing mit einem ablehnenden Blick auf die Biere an, mich zu rechtfertigen.

»Trinkfest seid ihr also auch nicht mehr!« Sie fiel mir ins Wort, als sei ich das Sprachrohr für alle Studenten.

»Wir wollen halt fit sein für die Arbeit morgen. Du weißt, wir von der Generation Y nehmen das alles sehr ernst mit unseren Jobs und so«, sagte ich übertrieben sarkastisch und exte mein abgestandenes Bier, was mir einen kurzen Anfall von Übelkeit bescherte.

Sie lachte. »So ein Unfug. Ihr seid einfach nur bequem und zu langweilig, was Neues auszuprobieren. Deshalb verkauft ihr euch auch allesamt so unter Wert.« Maria sprach halb lallend in meine Richtung, und ich hatte das Gefühl, dass sie mich nun ganz offen herausforderte, für meine Generation einzutreten. »Wenn uns was gestört hat, haben wir noch Radau gemacht. Wir sind noch gegen Bologna und Studiengebühren auf die Straße gegangen und haben Seminare aus Interesse besucht. Und ihr fresst das, was euch vorgesetzt wird, ohne euch selbst Gedanken zu machen.«

»Maria«, unterbrach ich sie. Ich überlegte kurz, einen Gag über ihr Alter zu machen, beließ es aber bei einem einfachen: »Du schweifst ab.«

»Guck dich doch mal an. Du arbeitest in einem Job, der dich null fordert, in einem Laden, der dich nicht mal vernünftig bezahlt, und studierst etwas, einfach weil du es bekommen hast. Das ist so typisch für deine ganze Generation. Alle Studenten, die ich kenne, sind genauso drauf.«

Ich überlegte kurz, unter welchem Vorwand ich abhauen

und das neue Bier stehen lassen konnte, entschied mich dann aber doch fürs Bleiben. Wenn sie von anderen Studenten sprach, wusste ich nie genau, ob sie andere Affären oder die Studenten meinte, die sie als Dozentin betreute. Vorausgesetzt, sie hielt die beiden Kreise überhaupt auseinander. Aber irgendwie hatte sie recht. Allen voran meiner Familie hatte ich mit Aufnahme des Studiums das Versprechen gegeben, in Zukunft allein auszukommen, und das nicht obwohl, sondern *gerade weil* ich Soziologie studierte. Das Thema kam immer wieder zu Hause auf. Meine jüngeren Brüder machten handfeste Dinge, während der eine mit seiner Ausbildung zum Industriemechaniker fast fertig war, sollte der jüngste dieses Jahr eine Elektrikerlehre beginnen.

Ich steckte mitten im Studentenleben und hatte neben der Uni verhältnismäßig viel Freizeit, da ich nur von Dienstag bis Donnerstag in Seminare und Vorlesungen musste. Unterm Strich hatte ich damit mehr Wochenende als Unitage. Und finanziell ging es mir besser als erwartet. Kurz vor meinem Umzug nach Bielefeld hatte es eine Familienfeier gegeben, auf der ich erstmals mit entfernten Verwandten über ihre Erfahrungen im Studium hatte sprechen können. Das Paar, mit dem ich mich unterhielt, hatte sich während des Forstwirtschaftsstudiums im Osten kennengelernt, und ihre Augen glänzten, als sie von ihrer Studienzeit berichteten. »Du hast halt nie genug Kohle, aber damit findest du dich irgendwann ab«, war so ein Satz, der mir im Gedächtnis geblieben ist.

Ich bekam inzwischen knapp 600 Euro BAföG, 180 Euro Kindergeld und den Lohn aus meinem Nebenjob. An Miete zahlte ich keine 200 Euro, weshalb mir manchmal knapp 800 Euro im Monat zur freien Verfügung blieben – die ich verprasste: Ich kaufte mir Klamotten, ging mit Leuten aus, feierte nächtelang mit Bekannten in Clubs und ging andauernd ins Kino. Ich bekam zwar nicht den Höchstsatz an BAföG, aber was ich hatte, war weit mehr als genug. »Nie genug Kohle« war also keine Ansage, die sich bewahrheiten sollte. Um vor meinen Eltern nicht zu wirken, als würde ich nur von Sozialleistungen leben, arbeitete ich nebenbei in besagtem Restaurant. Tatsächlich lebte ich jedoch hauptsächlich sehr bequem auf Staatskosten.

Heute weiß ich, dass das eine Folge der Agenda 2010 ist, denn die BAföG-Reform unter Gerhard Schröder kam wirklich bei den Studenten an. Studieren muss davor zumindest aus finanzieller Sicht wirklich etwas schwieriger gewesen sein.

»Warum arbeitest du nicht was Richtiges?«, fragte mich Maria deutlich ruhiger als zuvor von der Seite. »Du kannst doch mehr als das.«

»Na ja, ich bin halt ein Gastro-Kind, da hat man Vorteile, wenn man sich auf solche Jobs bewirbt.«

Ihr entglitt der Gesichtsausdruck. »Das ist doch so bescheuert«, sagte sie mit einem Lachen in der Stimme.

Ich dachte über meine letzten Worte nach und musste ihr irgendwie zustimmen. Ich konnte nicht klar denken, war schon vor dem aktuellen Bier nicht mehr ganz Herr der Lage, und allmählich schien mir die Situation vollständig zu entgleiten. »Besser als so manch anderer Studentenjob«, sagte ich, um meine Würde noch ein wenig aufrechtzuerhalten, merkte aber selbst, wie das Argument am Tresen zerschellte.

Tatsächlich hatte ich mir bis zu dem Zeitpunkt noch nicht wirklich Gedanken darüber gemacht, mal etwas anderes zu arbeiten. Ich kannte die Gastronomie, und auch, wenn es einer der undankbarsten Jobs der Welt war, hatte man doch gewisse Vorteile gegenüber anderen Studentenjobs.

»Was soll ich denn sonst machen?«

»Es gibt Tausende Jobs da draußen, du bist als Student doch überall gerne gesehen und an nichts gebunden, probier dich doch einfach aus! Ich meine: Was soll schiefgehen? Dass du scheiterst? Dann weißt du zumindest, was du nicht machen willst. *Trial and Error.*«

Dem konnte ich nichts mehr entgegensetzen. Sie hatte recht: Wenn man nicht weiß, was man beruflich machen möchte, bleibt einem nichts anderes übrig, als sich auszuprobieren. Jeder Versuch, in einem Job Fuß zu fassen, ist insofern ein Erfolg. Wenn man sich bei einer Sache nicht wohl fühlt, kann man sie zumindest für seine Zukunft ausschließen.

Das Ausschlussverfahren wurde nach diesem Abend zu einem zentralen Thema meines Studentenlebens.

Maria und ich gingen nach dem Bier getrennte Wege, und als ich einige Zeit später im Bett lag und realisierte, dass ich in fünf Stunden aufstehen musste, um mich wieder höchstwahrscheinlich unbezahlt an die Theke zu setzen, schrieb ich ihr per WhatsApp: »Ich glaub, ich gucke echt mal nach einem neuen Job. Gute Nacht.«

»Wenn du wirklich willst, hätte ich da was für dich«, schrieb Maria am nächsten Morgen. Ich wurde verkatert vom Wecker aus dem Schlaf geholt und scrollte auf dem Weg zur Arbeit durch meine WhatsApp Nachrichten. Ich war total unmotiviert und beinahe glücklich darüber, dass ich nach dem Start meiner Schicht direkt in Pause gesetzt wurde. Da der Laden leer war, bestellte ich bei Adam ein Mitarbeiteressen – zum halben Preis. Immerhin gab es Rabatte für die Angestellten, selbst wenn sie gar nicht arbeiteten. Adam war ein großer, dicker Mann Ende vierzig, der als Koch arbeitete und – nicht nur deshalb – mein Lieblingskollege war.

»Muss ich abklären, ob sich das lohnt. Musst du nicht anfangen zu arbeiten?«

»Nee, kann ruhig erst mal was essen«, tönte es hinter dem Tresen von der Kollegin hervor, die meine Order und seine Reaktion mitbekommen hatte.

Zwanzig Minuten später biss ich in einen Cheeseburger und freute mich über die Extraportion Pommes, die Adam mir wieder dazugegeben hatte. Normalerweise war in den ganzen Franchise-Restaurants alles aufs Gramm genau abgewogen, damit die Standards erfüllt blieben, aber Adam gab einen Fick auf Standards. Adam, du bist echt ein Gewinn für die Welt, dachte ich und stopfte eine Handvoll Pommes in meinen Mund. Als ich Adam nach meinem Mahl den Teller mit einem Lob in die Küche brachte, bemerkte ich, dass er auch herzlich wenig zu tun hatte.

»Sag mal, wie lange bist du eigentlich schon hier?«

»In Bielefeld? Seit zwanzig Jahren. Damals zum Studium hergekommen«, antwortete er.

Ich konnte kaum glauben, dass Adam mal studiert hatte. Wenn er sprach, vernahm man einen deutlichen osteuropäischen Akzent. Nicht, dass das eine Hürde für ein Studium gewesen wäre. In einigen meiner Kurse saßen Kommilitonen, die scheinbar kein Wort Deutsch sprachen, aber Adam war einfach nicht der, den man mit einem Studium in Verbindung gebracht hätte, nicht zuletzt wegen seines Jobs als Koch.

»Was hast du denn studiert?«, fragte ich mit einer Portion Ungläubigkeit.

»Psychologie und Soziologie. Und was machst du?«

Überrascht gab ich ihm zu verstehen, dass ich auch Soziologie studierte. »Und wieso bist du Koch geworden?«, fragte ich, »Und kein Psychologe?«

Er lachte. »Kochen macht mir mehr Spaß. Damals während des Studiums gekocht, dabei geblieben, so einfach ist das.«

Ich schluckte.

»Geh mal raus, ich glaub wir bekommen Arbeit«, fuhr er mir in die Gedanken und zeigte durch das kleine Fenster, durch das die fertigen Speisen in den Gästeraum gereicht wurden.

Ich sah hindurch und entdeckte eine Horde Engländer, die den Laden betraten. Dass sie Engländer waren, wusste ich, weil ich Engländer erkannte. Im Raum Bielefeld gab es viele Kasernen, in denen Engländer lebten. Ich würde ja sagen, sie befänden sich im Auslandseinsatz, aber nach allem, was ich mitbekam, hatte das Soldatendasein ausländischer Streitkräfte in Deutschland herzlich wenig mit einem klassischen Auslandseinsatz zu tun. Wer weiß, was die hier den ganzen Tag lang machten, so ein Vierteljahrhundert nach Mauerfall ... Wussten die meisten der Jungs vermutlich selbst nicht. Zumindest kamen sie von Zeit zu Zeit in das Restaurant und aßen gemeinsam. Und waren laut. Wahnsinnig laut. Die Lautstärke war noch nicht mal mein Problem, viel blöder war, dass Engländer immer mit Kreditkarte bezahlten, und wer mit Karte zahlte, gab in der Regel kein Trinkgeld.

An dieser Stelle ein ganz allgemeiner Hinweis für Kunden von Restaurants: Dem Kellner ist es möglich, den Betrag auf den Kartenlesegeräten selbst einzugeben. Er darf auch höher sein als der Rechnungsbetrag. Die meisten wissen das offenbar nicht und wollen das Trinkgeld durch Kartenzahlung umgehen. Aber jetzt, da ich euch dieses Geheimnis der Kartenzahlung erläutert habe, zieht die Masche nicht mehr.

Ich begann meinen Dienst, brachte den Engländern mit meiner Kollegin zusammen Essen und anschließend eine Menge Bier. Die Schicht endete gegen fünfzehn Uhr, und Adam wurde in der Zwischenzeit abgelöst, sodass ich ihn nicht weiter nach seinem interessanten Berufsweg fragen konnte. Als ich Feierabend hatte, sah ich auf mein Handy und antwortete auf die Nachricht vom Morgen: »Was wäre das denn für ein Job?«

Studienberatung: Studentenjobs

Es gibt die verschiedensten Gründe, weshalb Studierende nebenbei arbeiten. Die einen müssen es, die anderen wollen es, die meisten brauchen wohl einfach die Kohle. Dabei gibt es eine ganze Palette an sogenannten Studentenjobs. Ich möchte die gängigsten Nebenjobtypen kurz skizzieren.

Der Semesterferienschufter
Der Semesterferienschufter wird von einer Zeitarbeitsfirma an eine Fabrik ausgeliehen und arbeitet dort im Schichtdienst. Da steht er dann neben Fabrikarbeitern, die für die gleiche

Arbeit dreieinhalb Jahre lang eine Ausbildung gemacht haben und denselben Lohn erhalten. Am Fließband sind nun mal alle gleich, egal ob du eine dreiköpfige Familie ernähren musst oder einfach nur ein weiteres halbes Jahr jedes Wochenende die Cocktail-Happy-Hour in der Studentenbar nebenan auskosten willst. Dass die Cocktails während der Happy Hour so günstig sind, hat übrigens ein anderer Nebenjobtyp zu verantworten.

Der Barmann
Anstatt die Stammbelegschaft mit richtigem Gehalt arbeiten zu lassen, holen gewiefte Gastronomen während der Happy Hour einfach den Barmann zu sich. Der Barmann ist ein halb verhungerter Student, der unter der Woche neben seinem Unikram Cocktailrezepte auswendig lernt, um am Wochenende den Hoodie gegen die Weste zu tauschen und für seine Kommilitonen Getränke mit Zutaten zu mixen, die einen aufgrund ihrer stümperhaften Qualität direkt erblinden lassen könnten. Das wissen die Besucher der Bar in der Regel auch, doch die Geldnot macht blinder, als es Methanol tun kann, und ein bisschen Ausgehen muss ja trotz des geringen Vermögens drin sein. Wenn die Happy Hour zu Ende ist, geht der Barmann geschunden nach Hause, ausgenutzt, nüchtern und voller Selbstzweifel, weil ihm bei jedem zweiten Cocktail von den total betrunkenen Gästen vorgeworfen wurde, er hätte ja gar keinen Alkohol reingemacht. Studenten, die in einer Studentenbar Cocktails für drei Euro bestellen und sich dann über den Wirkstoffgehalt beschweren, sind übrigens der am häufigsten anzutreffende Studentennebenjobtyp, und zwar:

Der Sohn
Kurz vorweg: Natürlich gibt es auch Töchter, doch Söhne sind sehr viel häufiger anzutreffen. Söhne arbeiten eigentlich immer. An ihrem Image. Keinesfalls dürfen sie eingestehen, es stünde schlecht um Papas Firma. Oder Mamas Firma. Oder. Ach, wie auch immer. Also, das Familienunternehmen, das er später erben wird ... Oh, Moment. Sagte ich erben? Ich meinte übernehmen. Da ist ein wichtiger Unterschied, den kann euch ein Steuerberater genauer erklären. In einem Satz: Söhne erkennt man daran, dass sie grundsätzlich geschniegelt aussehen, eigentlich nichts ihrem viel zu hohen Niveau entspricht und das ganze Arbeiten und Studieren ja auch eher so nebenbei ist, weil man keine Angst davor haben muss, irgendwann mal in einem niederen Beruf ausgebeutet zu werden. Im Gegensatz zum Telefonierer!

Der Telefonierer
Besonders Geisteswissenschaftler stehen total drauf, wenn man ihnen sagt, man würde ihnen einen berufspraxisnahen Nebenjob anbieten. Da die meisten Geisteswissenschaftler nämlich gar nicht wissen, was sie später mal machen sollen, sind ihnen alle Vorschläge willkommen. Solche Vorschläge werden gerne von Umfrageunternehmen, Meinungsforschungsinstituten oder anderen Callcentern gemacht. Da der geneigte Geisteswissenschaftler schon mal im Rahmen eines qualitativen Forschungsseminars irgendjemanden interviewt hat, ist er laut Arbeitgeber förmlich auf sogenannte Outbound-Gespräche spezialisiert. Zu Beginn seines Arbeitstages gibt der Telefonierer seine Würde am Eingang des Unternehmens

ab, um sich anschließend acht Stunden lang durch ein Telefon Beleidigungen an den Kopf werfen zu lassen. Wenn er nach dem Arbeitstag wieder seine Würde vom Chef abholen will, muss er sich zunächst anhören, was für unterdurchschnittliche Leistungen er erbracht habe. Der Chef hat ein ganzes Spektrum an Theorien, was für die schwachen Leistungen des Telefonierers verantwortlich sein könnte. Er gibt ihm aber aus Großzügigkeit die Hälfte des vereinbarten Lohns und sagt, dass er es liebe, mit Freiberuflern zusammenzuarbeiten. Dabei hatte der Telefonierer sich das mit der Freiberuflichkeit immer anders vorgestellt. Wie beim Promoter zum Beispiel.

Der Promoter

Egal, ob er in einem riesengroßen Tigerkostüm asiatische Automarken auf einer Messe in der Walachei bewerben soll oder auf Festivals Zigaretten ohne Zusatzstoffe ein gesundes, junges Gesicht verschafft: Der Promoter ist für alles zu haben. Um Promoter zu werden, muss man genau eine Sache können: seine Unterschrift auf einen Zettel setzen. Nachdem der Zettel dem Finanzamt vorgelegt wurde und sich der Promoter in einen Job-Newsletter eingetragen hat, hagelt es auch schon Jobangebote. Ob »Baumarkt in Castrop-Rauxel sucht attraktive Promoterinnen für Sektausschank zur Neueröffnung«, »Bekannter Spirituosenhersteller braucht *dringend* neue Promoter mit Führerschein« oder »*Best Offer*: Reisen und dabei richtig Geld verdienen! (Polio-Impfung empfohlen)«: Der Promoter hat die geilsten Jobs. Und richtig Asche. Er schreibt nämlich Rechnungen und verdient alles steuerfrei. Promoter gehen einfach mit der Zeit. Wer in der Schule aufgepasst hat, weiß ja auch, wie viel Sinn es tatsächlich macht, in die Rentenkasse einzuzahlen (nämlich genau null). Nachdem sich der Promoter zweimal mit einem Finanzberater getroffen hat und seine erste Einnahmenüberschussrechnung aufgestellt hat, gibt er all seinen Kommilitonen Steuerspartipps. Promoter sind die besten Nebenjobtypen, die es gibt.

Der letzte Nebenjobtyp liegt mir sehr am Herzen, weshalb ihm besondere Aufmerksamkeit zuteilwerden soll. Wir alle kennen ihn, wir alle haben schon mal seine Dienste in Anspruch genommen, doch die wenigsten wissen, wie schwer er es hat.

Der Pizzafahrer

Der Pizzafahrer kennt die Straßen der Stadt und ist bei Wind und Wetter meist mit einem gebrandeten Roller unterwegs. Dem Pizzafahrer geht es dabei nicht um das Ausfahren der Pizza: Er ist ein Jäger. Ein Jäger nach Trinkgeld. Damit er sein Überleben sichern kann, muss er auf das warme Herz des Endkunden hoffen, bevor dieser dem völlig erschöpften Studenten die Tür seines Apartments im siebten Stock ohne Aufzug vor der Nase zuschlägt. Von einem Pizzafahrer, der inkognito bleiben möchte, habe ich erfahren, dass er 25 Prozent seines Trinkgeldes nach der Lieferung im Geschäft abgeben muss. Das Ganze läuft laut meinem Informanten auf Vertrauensbasis, aber manchmal meckert sein Chef, wenn er nicht genug Trinkgeld einfahren konnte. Die pure Pizzaprostitution. Wo ist das Team Wallraff, wenn man es mal wirklich braucht? Der Pizzafahrer ist trotz seiner schweren Bürde meist ein cooler Typ. Er hat sein Schicksal akzeptiert und nimmt es mit schwarzem Humor. Diese Stärke sollte ihn zu einem Vorbild für alle anderen Nebenjobtypen machen.

Die Kündigung

Maria sagte, dass sie sich in den kommenden Tagen mit einem Jobangebot bei mir melden würde, wurde aber nicht deutlicher. Ich ging meinem Alltag nach, studierte ein bisschen, feierte ein bisschen, hing viel mit Freunden in meiner WG rum. Mein Studentenleben war zu diesem Zeitpunkt recht unspektakulär. Es stellte sich schnell eine Routine ein, und meine Neugier wich einer nach und nach immer präsenter werdenden Gewohnheit: Uni, Arbeit, Party, Repeat.

Einige Tage später trat ich zur Arbeit an, und meine Chefin war mal zur Abwechslung da. Sie saß am Tresen und lachte mit der Kollegin, mit der ich heute den Spätdienst übernehmen würde. Ich grüßte und zog meine Jacke aus, unter der ich mein Arbeitshemd hatte.

»Das musst du noch mal bügeln«, warf sie mir steinern entgegen.

Ich blickte an mir herunter und stellte fest, dass es wirklich zerknittert war. »Oh sorry, soll ich noch mal nach Hause fahren?«

»Nee, haben ein Bügeleisen für solche Fälle wie dich hier. Benutz das.«

Sie mochte mich nicht. Wir waren menschlich nicht auf einer Wellenlänge, und das ließ sie mich bei jeder Gelegenheit spüren. Man wirft Gastronomen ja häufig vor, cholerisch zu sein, und wenn das stimmt, dann war sie die Gastronomin par Excellence. Ich bügelte mein Hemd im Aufenthaltsraum und kam zurück.

»Mach ruhig erst mal Pause, ist gerade nicht so viel los«, sagte die Chefin.

»Ich muss mit Ihnen sprechen«, antwortete ich genervt.

Sie wirkte überrascht, dass ich sie so direkt von der Seite ansprach, und hörte mir im Folgenden aufmerksam zu.

Ich beschwerte mich, dass ich die Arbeitsbedingungen nicht okay fand, weil ich mir erhofft hatte, mehr arbeiten zu können, stattdessen aber immer nur in Pause versetzt wurde und unbezahlt im Laden sitzen musste. Sie hörte sich das alles an, nickte zwischendurch, als hätte sie die Kritik irgendwie ernst genommen, und antwortete im Anschluss.

»Das ist normal hier. So läuft das bei allen Aushilfen. Irgendwann, wenn du die nötige Leistung erbringst, kannst du auch regelmäßiger arbeiten.«

Die Antwort befriedigte mich kein bisschen. Ich war total planlos in das Gespräch gegangen, das wir jetzt zwischen Tür und Angel führten, aber die Gelegenheit war gerade da, und so beschloss ich, etwas Besseres auszuhandeln.

»Ich würde gern für die Zeit, die ich in Pause sitze, auch bezahlt werden«, sagte ich, und nachdem sie keinerlei Reaktion zeigte, fügte ich an: »Oder zumindest will ich nach Hause gehen können und Bescheid bekommen, wenn hier wieder was los ist.«

Das war nicht gut. Gastronomen darf man nie das Offensichtliche erzählen, schon gar nicht, wenn es mit der Leere des Ladens zu tun hat. Was folgte, war der grausame Beginn vom glücklichen Ende meiner Gastro-Zeit. Ihre Augen wurden rot, ein Bein verwandelte sich in einen Huf, und während mir Schwefelgeruch in die Nase stieg, bemerkte ich, wie ihr zwei kleine Hörner aus der Stirn wuchsen. Na gut, ein wenig übertrieben. Aber sie wurde sehr deutlich und faltete mich zusammen. Dass ich mir nicht auszusuchen habe, wann ich arbeiten würde, dass ich keine Ahnung von der Gastronomie habe und dass ich – sollte ich Lust haben, nach Hause zu gehen – jederzeit gehen könne. Es gebe genug andere, die scharf auf den Job seien. Der Standardsatz. Meine Jugend hatte mich wieder.

Eine Kollegin sah verdutzt zu uns herüber, und auch zwei Gäste wurden aufmerksam auf die Standpauke. Was dann geschah, war Folgendes:

Ich sah sie an wie ein Stier ein rotes Tuch. Äderchen pochten aus meiner Stirn hervor. An meinem vernichtenden Blick bemerkte sie, dass sie etwas falsch gemacht hatte. Das Höllenfeuer erlosch, und als sie mir winselnd eine Vollzeitstelle anbot, zerriss ich kommentarlos mein Arbeitshemd, warf es über meinen Rücken, grinste ihr dreckig ins Gesicht, ging lässig oberkörperfrei aus dem Laden und stieg auf meine Harley, während ein Frauenchor zu singen begann und die Laterne im Hintergrund einen Heiligenschein über meinem Kopf formte.

Die Party

Nachdem ich gekündigt hatte, wollte ich erst mal Zeit für mich haben und mich neu orientieren. Das Angebot an Kneipen und Diskotheken in Bielefeld bot durchaus Abwechslung und ... Moment. Ich muss noch was zum vorherigen Kapitel loswerden. Vielleicht ist es dem einen oder anderen aufgefallen, aber bei meiner Geschichte habe ich etwas übertrieben. Das Ding mit dem Heiligenschein ... mhm ... war gelogen.

In Wahrheit dauerte die erste Kündigung meines Lebens einige Minuten länger, und mein Abgang war alles andere als pompös. Ich versuchte eine gefühlte Ewigkeit, noch irgendeinen Vorteil aus dem Gespräch für mich mitzunehmen, aber meine damalige Chefin war zu keinem Kompromiss bereit. Heute weiß ich, dass die Studenten in dem Laden verheizt werden. Wie in vielen anderen Läden auch. Es wird gar nicht damit gerechnet, dass sie lange bleiben. Ich habe bis heute Kontakt zu einer Kollegin von damals, und sie erzählt mir noch häufig Storys von wütenden Aushilfen, wie ich damals auch eine war. Aber die Erfahrung hat mich bereichert. Heute weiß ich, dass es nicht schlimm ist, vor Gästen zu weinen ... Okay, streicht das. Heute weiß ich, dass es nicht schlimm ist, etwas aufzugeben, wenn es einem nicht guttut. Auch wenn es im ersten Moment echt schwierig sein kann, sollte man sich auf sein Gefühl verlassen und zur Not eine Veränderung in Kauf nehmen. Ob die Entscheidung richtig war, erfährt man meist erst einige Tage oder Wochen später. Aber man muss zumindest erst mal einen Schritt nach vorn wagen, um zurückblicken zu können. Das gilt für Jobs übrigens genauso wie für Studiengänge oder Beziehungen. In meinem Fall war es die bisher beste Entscheidung meines Lebens. Denn ich entdeckte »Arbeit« für mich danach komplett neu und verstand, dass nur, weil da draußen andere Leute standen, die meinen Job gerne machen würden, ich das nicht zwangsläufig auch musste.

In der Zeit nach dieser ersten Kündigung meines Lebens ging ich viel aus. Die Zeit, die ich für die Uni hätte aufbringen sollen, verschob ich in die bevorstehenden Semesterferien. Es gab tatsächlich Leute, die schon während des Semesters ihre Arbeiten anfertigten, doch das waren eher Ausnahmen. Da gegen Ende des Semesters bei vielen die Luft raus war, gab es einen ganzen Haufen an WG-Partys. Alle wollten vor Beginn der Ferien noch mal richtig die Sau rauslassen, bevor die Prüfungsphase beziehungsweise die Zeit der Hausarbeiten begann.

Es war der richtige Zeitpunkt, um meine Freunde aus der alten Heimat einzuladen und ihnen zu zeigen, was das Studentenleben in Bielefeld so konnte. Da alle etwas Unterschiedliches machten, war es schwierig, ein gemeinsames Treffen zu planen, doch an einem Samstag kurz nach meiner Kündigung bekamen wir es hin, uns gemeinsam in meiner WG zu treffen. Mein Zimmer war viel zu klein für die fünf Freunde, die aus Hannover angereist waren, aber ich hatte nicht vor, den ganzen Abend zu Hause zu bleiben.

Eine Kommilitonin aus den Politikwissenschaften hatte mich zwischen Tür und Angel auf eine WG-Party in der Innenstadt eingeladen. Auf meine Frage, ob ich noch jemanden mitbringen könne, hatte sie nur mit »Klar, je mehr desto besser« geantwortet. Über Facebook meldete sie sich später noch mal und erinnerte mich daran, dass es eine Mottoparty mit dem Titel »Weltraum« sei, worauf wir unbedingt Wert legen sollten.

Mit ein bisschen Alufolie aufgehübscht betraten wir gegen Mitternacht ein Studentenwohnheim. Bereits vor der Tür hörten wir die Musik und vernahmen Stimmen vom Balkon. Als wir das oberste Stockwerk erreichten, standen wir vor einer offenen Wohnungstür, hinter der ein langer Flur durch die Wohnung führte. Die konnte man aber nur erahnen, denn überall waren Menschen. Es war so voll, dass wir Mühe hatten, in die Küche am Ende des Flurs zu kommen. Wir befanden uns in einer Atelierwohnung, und in der Küche führte eine Treppe in ein weiteres Obergeschoss, in dem mindestens noch mal die gleiche Anzahl von Gästen stand.

»Je voller, desto besser, das werden die morgen sicher bereuen«, murmelte ich einem Freund zu. Dann erblickte ich einen Kühlschrank, aus dem ich uns sechs Bier organisierte und in den ich unsere mitgebrachten Biere im Tausch hineinstellte. Wir stießen an und standen mitten in der Küche, umgeben von Leuten, die ich noch nie gesehen hatte, die aber ausnahmslos verkleidet waren. Es gab Astronauten, Aliens und sogar aus unerfindlichen Gründen einen Typen in einem grellgrünen Badeanzug. An den fleckigen Wänden hingen Figuren aus Alufolie und neonfarbene Dekoration. Hier hatte sich jemand richtig Mühe gegeben, das recht runtergekommene Studentenwohnheim in neuem Partyglanz erstrahlen zu lassen.

Von meiner Kommilitonin keine Spur, weshalb wir zunächst eine Weile wie Falschgeld in der Küche standen und die Umgebung auskundschafteten. Immer wieder wurden wir bei Gesprächen unterbrochen, weil sich Leute durch unsere

Gruppe hindurchdrängelten. Es war viel zu voll, und recht zügig stellte einer meiner Freunde die berechtigte Frage: »Wollen wir vielleicht erst mal eine rauchen gehen?«

Wir nickten synchron und wollten uns gerade wieder durch das Getümmel nach draußen begeben, da verstummte plötzlich die Musik. Zig sich überlagernde Gespräche wurden hörbar, ehe ein lautes Pfeifen vom oberen Stockwerk für Ruhe sorgte.

»Wo ist Johannes? Johannes, komm mal her!«, tönte eine betrunkene Frau in die Menge, aus der wenig später Klatschen und Pfeifen durch das ganze Haus schallte. Der Typ im Badeanzug betrat die Treppe und winkte unter Getöse in die Menge. Er war sichtlich betrunken.

»Kennst du Johannes?«, fragte mich einer meiner Freunde.

»Nope, nie gesehen.«

Wir zuckten mit den Schultern und begannen lachend ebenfalls zu klatschen.

Johannes lehnte sich über das Geländer und fing an zu reden, woraufhin die Menge verstummte. Er lallte unfassbar stark, bedankte sich für das Erscheinen seiner Gäste und lobte seine WG für die tollen Jahre. Wieder rastete die Menge aus. Wir lachten uns tot, machten aber mit. »Johannes. Johannes. Johannes.«

Er hob die Arme wie ein Boxer und verschüttete dabei eine ganze Menge Bier aus seiner Flasche, und dann geschah es. Das Licht ging aus, und Schwarzlicht flutete die dunklen Räume. Die Flecken an den Wänden leuchteten in Neonfarben, und bei näherem Hinsehen erblickte man Schriftzüge. Jemand hatte mit Neonfarbe Zeug an die WG-Küchenwände geschrieben. Manchmal waren es einfach Wörter wie

»*Fickeeen*« oder »*Johanneees*«, manchmal standen kleine Gedichte oder Grußworte an den Wänden. Die ganze Küche – inklusive Gäste – leuchtete in verschiedenen Farben. Bei einigen Besuchern konnte man auch Farbe im Gesicht erkennen, die vorher nicht sichtbar gewesen war.

Vollkommen reizüberflutet standen wir sechs Jungs in der Küche und schauten uns staunend um. Aus den Boxen ertönte von jetzt auf gleich ein elektronischer Beat, und die Leute rasteten aus. Mir kam die Melodie bekannt vor, und nach wenigen Augenblicken wusste ich: Es war *Pumpen*, das Lied, das mir Eva damals vorgespielt hatte, als wir auf Wohnungssuche waren.

Die Leute klopften im Takt mit der flachen Hand auf Wände und hämmerten gegen die Küchenschränke. Johannes lehnte sich über das Geländer und klopfte ebenfalls mit voller Wucht einhändig gegen die Wand. Die andere Hand hatte Mühe, ihn am Geländer zu halten, schließlich musste sie auch noch das Bier umschlingen, das bei jedem seiner Sprünge etwas leerer wurde. Es war ein Bild für die Götter.

Ich entdeckte meine Kommilitonin, die Becher und Flaschen von der Küchenablage lieblos in das Spülbecken schob und die Küchenzeile bestieg. Ihr folgten weitere Gäste, und schon bald tanzte eine Handvoll Leute auf der Küchenzeile und klopfte im Takt des Songs an die Decke. Jeder schien den Text zu kennen.

Als das Lied vorbei war, jubelte das Publikum noch lauter als zu Beginn. Einige umarmten Johannes, der vollkommen verschwitzt und fertig immer noch halb über dem Geländer hing. Und die Party ging weiter.

Wir feierten bis in den Morgen, ich stellte meinen

Freunden einige Kommilitonen vor, von denen ich in der Nacht immer wieder welche traf, und als wir am nächsten Morgen alle erschöpft und verkatert kreuz und quer liegend in meinem Zimmer aufwachten, war mir klar: Das gestern war die abgefahrenste Party aller Zeiten.

Ich brauchte einige Zeit, um mich von der Party zu erholen, doch da ich derzeit eh arbeitslos war, hatte ich die ja. In der kommenden Woche traf ich meine Kommilitonin von der Party wieder und dankte ihr lobend für die Einladung.
»Ist ziemlich eskaliert. War auf jeden Fall ein guter Abschied für Johannes. Ach übrigens, wenn du jemanden kennst, der gerade eine neue WG sucht: Wir haben noch keinen Nachmieter.«
Das war mein Stichwort. In meiner WG lief es in letzter Zeit nicht mehr so gut, meine beiden Mitbewohnerinnen hatten sich, ohne mich zu fragen, eine Katze zugelegt und gingen davon aus, dass ich mich um sie kümmerte, wenn die beiden weg waren. Doch die Katze passte irgendwie nicht in den Zeitplan meines verantwortungslosen Studentenlebens, was zu ständigen Konflikten führte. Es war nur eine Frage der Zeit, wann die beiden mich hinauswarfen und der Katze mein Zimmer vermachten.
Also traf ich mich einige Tage später mit der WG meiner Kommilitonin. Als ich die Küche betrat, beherrschte ein Küchentisch das Zimmer, der bei der Party herausgeräumt gewesen war. Überhaupt sah die Küche in zivil ganz anders aus als noch vor zwei Wochen. Die Alufolie abgehängt, Stühle und Mülleimer hinzugekommen, und anstelle von Tequila, Rum und Wodka standen da plötzlich Gewürze.

»Du warst auch hier, oder?«, wurde ich von einem der Mitbewohner gefragt. So eine große Runde in einem WG-Casting war neu für mich. Fünf Leute saßen um den Tisch, einer kniete vor dem offenen Kühlschrank.

Ich bejahte schnell.

»Vielleicht kannst du uns ja erklären, wie der Fußabdruck da hingekommen ist«, sagte der kniende Mitbewohner und zeigte an die Decke. Tatsächlich war an der Decke, mitten im Raum ein einzelner Schuhabdruck zu erkennen.

Als ich nach oben starrte und ein leises »O Gott, keine Ahnung!« herausbrachte, fing das Kollektiv am Tisch an zu lachen.

»Setz dich, willst du was trinken?«, fragte der Mitbewohner vom Kühlschrank und stellte sich vor mich.

»Gerne ein Wasser«, antwortete ich ihm und setzte mich auf den einzigen freien Stuhl am Tisch.

Die Runde stellte sich vor, und einer der Mitbewohner erklärte, dass sie einen Platz anzubieten hätten, und bevor sie ihn ausschrieben, wäre es natürlich cool, jemanden zu nehmen, der schon jemanden in der WG kannte.

Ich setzte mein bestes Pokerface auf. Von Kennen konnte nämlich nicht direkt die Rede sein. Noch nicht mal beim Namen der Kommilitonin, die mich hierher eingeladen hatte, war ich mir sicher. Bei Facebook hatte sie keinen Klarnamen, und in meinem Handy war sie nur unter »Party Studentenwohnheim« gespeichert.

Offensichtlich hatten die Mitbewohner aber keine Lust, große Anstrengungen zu unternehmen, um einen neuen Nachmieter für Johannes zu finden.

»Komm, ich zeig dir mal dein Zimmer«, sagte eine

Mitbewohnerin und stand noch während des Satzes auf. Sie führte mich durch die WG, gab mir zu verstehen, dass es ursprünglich mal zwei WGs gewesen waren, doch irgendwann einfach die Tür herausgenommen wurde und sie jetzt als Achter-WG lebten. Acht Personen. In einer Wohnung. Es gab zwei Küchen, drei Bäder, und die beiden Zimmer in der oberen Etage hatten einen Notausstieg zur Feuerleiter, die gerne als Balkon zweckentfremdet wurde.

Ich hatte Mühe, mir die Namen zu merken, doch uns verband von Anfang an etwas Freundschaftliches. Der Umgang war herzlich, als ob ich sie alle schon seit Jahren kennen würde.

Als ich zurück an den Tisch in der WG kam, standen einige Biere auf dem Tisch.

»Willst du auch eins?«, wurde ich gefragt.

»Klar«, antwortete ich und blickte auf die Uhr über dem Kühlschrank. Ich war bereits seit einer Stunde hier.

»Miete sind 190 Euro warm, inklusive Internet, Kaution zahlst du einfach an Johannes, so läuft das hier. Die Kaution wird immer weitergereicht, und wenn du später mal auszieht, bekommst du sie von deinem Nachmieter wieder.«

Überrascht vom nahezu lächerlich niedrigen Preis für die Lage der Wohnung und die gute Qualität des Zimmers nickte ich und stieß an.

Der Auszug war recht easy. Ich hatte zwar eine Kündigungsfrist, doch meine Mitbewohnerinnen sahen ein, dass es keine Zukunft für unser Quartett (inklusive Katze) gab, und ließen mich zum nächsten Monat ausziehen. Da hatte ich Glück, denn meine neue WG wollte so schnell wie möglich das freie

Zimmer belegen, weshalb es einfach gelegen kam, dass ich wenige Wochen nach der Besichtigung schon einziehen konnte.

Als ich meinen Jungs erzählte, dass ich in die Party-WG einzog, bekam ich natürlich sehr viel Zuspruch und die Ansage, ich würde zukünftig häufiger Besuch von ihnen bekommen.

Eine neue WG stand also. Fehlte nur noch ein neuer Job.

Der beste Job der Welt

»Maria, ich weiß, dass man Weißwein kühlt und Rotwein nicht, und da endet mein Weinwissen.«

»Ich dachte, du wolltest 'ne Herausforderung?«, konterte sie. »Lern ihn doch erst mal kennen, guck, was du für einen Aufgabenbereich hast, und dann siehst du weiter.«

Wir hatten uns nach dem letzten Gespräch ungewöhnlich lange nicht gesehen und saßen nun wieder nebeneinander an der Theke einer Kneipe. Sie erzählte, dass ein Bekannter von ihr gerade eine Aushilfe suchte, in einem Weinladen etwas außerhalb Bielefelds. Das war aus zwei Gründen nicht meins: Erstens kannte ich mich kaum aus, und zweitens war ich kurze Wege gewohnt und hatte wenig Lust, außerhalb der Innenstadt zu arbeiten. Ja, ich hatte mittlerweile echt noble Ansprüche an einen möglichen Nebenjob.

Trotzdem willigte ich ein, mich dort vorzustellen, ohne mir große Hoffnungen zu machen, und Maria gab mir eine

Handynummer. Ich musste irgendetwas Neues finden, schließlich hatte ich ja nach wie vor meinen Lebensstil vor meinen Eltern zu rechtfertigen, und beim Umzug in die neue WG fragte mein Vater schon etwas direkter, wann ich mir denn »endlich« einen neuen Job suchen würde. Er wusste, dass die Semesterferien bereits begonnen hatten, und konnte deshalb noch weniger als ohnehin schon nachvollziehen, weshalb ich nicht arbeitete.

Eine Woche später fand ich mich in der Pampa wieder. Wie ich bereits erwähnte, ist Bielefeld extrem weitläufig. Als ich das Zentrum verlassen hatte, stieß ich schon sehr bald auf frei stehende Häuser und Vorstadtcharme, nur einige Meter weiter, und ich befand mich im tiefsten Dorf. Das Weingeschäft stand umgeben von Feldern an einer Bundesstraße. Bevor man es erreichte, musste man mit der Bahn zur Endhaltestelle fahren und dann in einen Bus umsteigen. Bis zu diesem Zeitpunkt war ich in Bielefeld noch nie Bus gefahren – und schon gar nicht in diese Richtung. Alles, was ich brauchte, Uni, Einkaufsmöglichkeiten, Fitnessstudio, war sehr leicht mit der Bahn oder fußläufig zu erreichen. Ein Traum im Gegensatz zu meinem vorherigen Wohnort auf dem Land, in dem man ohne Auto aufgeschmissen war und selbst öffentliche Verkehrsmittel ab zwanzig Uhr nicht mehr ohne Anmeldung fuhren.

Ich fand mich also etwas in meine erst kürzlich zurückgelassene Dorfjugend zurückversetzt auf einem Parkplatz vor einem großen Bauernhaus wieder, zu dessen Gehöft drei weitere Häuser drumherum gehörten. Einige Katzen liefen umher, und es war fantastisch grün. Der Frühling war nun endgültig in Bielefeld angekommen, und schon auf dem Weg zu meinem

Bewerbungsgespräch war ich überrascht von dem erstaunlich farbenfrohen Panorama, das ganz anders wirkte als die sonst so nachkriegszeitliche Stadt.

Von Freunden, die vor Jahren nach Berlin gezogen waren, hatte ich immer wieder gehört, dass sie in ihrer Heimat auf dem Land »überwinterten«, da die Trostlosigkeit der grauen Großstadt den Dorfkindern von damals zu sehr aufs Gemüt schlug. Meinen ersten Winter in Bielefeld hatte ich jedoch ohne größere Verluste überstanden, die neuen Eindrücke überlagerten das Grau in Grau. Zudem gab es auf so ziemlich jeder Erstsemesterveranstaltung jemanden, der Gras dabeihatte. Ich war in meiner Jugend auf dem Land schon damit in Berührung gekommen und hatte eigentlich nie wirklich Interesse daran gehabt, high zu sein. Denn wenn ich kiffte, war ich schnell ein einziger sabbernder Lappen, der keine vernünftigen Gespräche mehr führen konnte, und das mochte ich nicht. Doch gute Laune wächst halt nicht auf den zugeschneiten Bäumen des Stadtparks.

Einer der Typen, die die Erstsemester mit Gras versorgten, war ein sehr viel älterer Kommilitone. Er hatte gerade seine Verbeamtung in irgendeiner Behörde bekommen und sich im Zuge dessen freistellen lassen, um ein Studium aufzunehmen. Wenn er fertig studiert habe, so sagte er, bekomme er wegen seines Beamtenstatus ohnehin wieder einen Job. Aber das Studentenleben sei ein Traum im Gegensatz zu seiner Arbeit, weshalb er plane, es so lange wie möglich hinauszuzögern. Vermutlich wollte er aber dennoch nicht auf seinen Lebensstandard verzichten und vertickte deshalb hin und wieder Gras. Grasdealer sind eben schon lange keine Trenchcoat tragende Gestalten mehr, die in Hinterhöfen oder

Bahnhofparks abhängen und Leute abhängig machen wollen. Sie sind eher wie Kioskbesitzer, bei denen man sich an einem langweiligen Sonntag halt kein Bier kauft, sondern ein paar Gramm Purple Haze, White Widow oder Schwarzer Afghane. Das Angebot war riesig, und einige Dealer konnten über jede Sorte etwas erzählen. Das eine macht dich wach, das andere schläfrig. Lernstress? Am Ende eines langen Tages in der Bib empfehle ich dir dieses und jenes. Ungefähr so stellte ich mir auch die Arbeit im Weinladen vor. Nur halt legal.

Ich betrat das Bauernhaus und wurde an der Türschwelle direkt von einem etwa gleichaltrigen Typen empfangen. Er trug Hoodie und Jeans und sah so gar nicht aus, wie ich mir Weinfachmänner immer vorgestellt hatte.

»Wir haben leider noch geschlossen«, sagte er.

»Oh, ich habe einen Termin mit Noah«, erklärte ich, woraufhin er mich musterte und hereinbat. Ich hatte mich schick gemacht, trug statt meiner Nikes ein paar saubere Halbschuhe mit leichtem Absatz, und unter meiner offenen Jacke sah man ein – gebügeltes – Hemd.

Noah stand an der Kasse und tippte darauf herum. »Bin gleich da«, murmelte er, in die Kasse vertieft. Kurz nachdem er es ausgesprochen hatte, drehte er sich schlagartig von der Kasse weg und schenkte mir sofort seine komplette Aufmerksamkeit. »Hi, ich bin Noah«, sagte er übermäßig freundlich und ging mit ausgestreckter Hand auf mich zu. Er war ein Riese und brauchte nur wenige Schritte, bis sein langer Arm in Greifweite war.

Wir gaben uns einen festen Händedruck, und ich stellte mich vor.

Dann stellte er die Frage, die man vor jedem Vorstellungsgespräch zu hören bekommt: »Hast du gut hergefunden?«

Ich persönlich glaube ja, dass Personaler per Arbeitsvertrag dazu verpflichtet sind, diese Frage zu stellen. Sonst droht ihnen die Kündigung. Egal, ob sie Vorstellungsgespräche in der Walachei oder im Empire State Building führen: »Haben Sie gut hergefunden?«

Ich muss mich immer zurückhalten, nicht irgendwelche dummen Antworten zu geben. Wenn Vorstellungsgespräche nicht so ernst wären, würde ich gerne Dinge wie »Klar, und Sie?« antworten. Oder:

»Eigentlich wollte ich zum Optiker. Sagen Sie, sind Sie der Optiker?« Oder:

»Ich bin im Juni '44 über der Normandie abgesprungen und habe mich wochenlang von Baumrinde ernährt, bis ich meinen Trupp bei Pont-Audemer wiederfand. Da werde ich wohl Schilder lesen können. Wir haben ja so viele gute Leute da draußen verloren. James. *Oh James!*«

Wie auch immer. »Ja, dank Google Maps«, antwortete ich. Das war meine Standardantwort, und die Reaktionen waren immer gleich.

»Gut.« Noah lachte. Hatte mal wieder geklappt. »Manche kriegen das mit dem Bus ja einfach nicht auf die Reihe«, fügte er hinzu.

Der andere Kollege, der gerade dabei war, Kartons quer durch den großen Raum zu tragen, meldete sich mit einem kurzen »Ey!« dazwischen und musste auch lachen.

»Sei's drum, ich zeig dir mal den Laden«, fuhr Noah fort und erklärte mir, dass neunzig Prozent des Innenraums als Lager dienten, der Rest sei die Verkostungstheke. »Man darf hier alles probieren, bevor man es kauft. Das ist die Philosophie bei uns.« Mit seinen Riesenarmen präsentierte mir Noah die langgezogene Theke an der Wand.

Ich blickte auf hunderte Flaschen, die in einer zweistöckigen Ablage über der Theke standen, und fragte verdutzt: »Wie viele Weine haben Sie denn hier?«

Noah lachte. »An die 250. Aber keine Sorge, die lernst du noch kennen.«

Das bezweifelte ich in dem Moment sehr. Ich hatte zwar schon mal eine kleine Weinverkostung im Rahmen meines letzten Nebenjobs bekommen, aber davon nur behalten, wie meine ehemalige Kollegin nach dem siebten Glas auf die Toilette rannte, um sich zu übergeben. Das war witzig.

»Zunächst besteht deine Aufgabe darin, uns über die Schulter zu gucken und zuzuhören. Alles andere ergibt sich dann automatisch.«

Ich schaute Noah fragend an. Hatte ich den Job schon? Ich hatte das Geschäft natürlich vorher gegoogelt und mir einige Details gemerkt: wann der Laden eröffnet wurde, wem er gehörte und dass er neben Weinen auch Feinkost anbietet. Wissen, das nicht unbedingt die beste Vorbereitung auf ein Vorstellungsgespräch ist, aber zumindest hatte ich schon einen Eindruck von dem, was mich erwarten würde.

Obwohl ich mich nie sonderlich für Weine interessiert hatte, konnte ich diesem Job doch so langsam etwas abgewinnen. Denn ich hatte meine Vorstellung von Arbeit nach meiner Kündigung und dank Maria komplett erneuert. Wenn man einen Job schon ganz bewusst nur nebenbei macht (wie es bei Nebenjobs in der Natur der Sache liegt), dann könnte man dabei ja wenigstens etwas lernen, was einem im späteren

Leben auch noch helfen könnte. Die Vorstellung, in zwanzig Jahren mal in einem Restaurant neben meinen Kollegen und Chefs zu sitzen und eine Weinempfehlung aussprechen zu können, reizte mich ungemein. Während meine Eltern immer »Job ist Job« predigten und mir mehrfach erklärten, dass jeder Job besser sei, als nicht zu arbeiten und sich auf Staatskosten aushalten zu lassen, dachte ich inzwischen anders.

Ich weiß auch, dass nicht jeder die Möglichkeit hat, sich seinen Job in dieser Form auszusuchen. Die meisten Menschen haben wohl wirklich keine Wahl, oder sie gehen in einem Job auf, den ich persönlich eher als monoton und langweilig abtun würde. Aber so ist das mit der Berufswahl eben. Jeder hat seine eigenen Vorstellungen von einem Job, der zu einem passt, und ich hatte als Student das Privileg, mir meine Jobs mehr oder weniger aus einem Pool von Angeboten auszusuchen. Das BAföG floss schließlich pünktlich zum Ende des Monats, und ich war zumindest finanziell nicht darauf angewiesen zu arbeiten, was die Jobsuche enorm entspannte.

Meine neue Einstellung zu Nebenjobs bewirkte etwas in mir. Ich war ohnehin schon unersättlich nach neuem Input und brauchte am besten sofort eine neue Aufgabe, wenn ich die alte gelöst hatte. Mir wurde bewusst, dass das auch immer der Grund dafür gewesen sein musste, dass ich früher nie länger als ein halbes Jahr in einem Job gearbeitet hatte, ehe ich hinausgeworfen wurde. Routine war in meinen Augen immer schon eins der schlimmsten Dinge, die man erreichen konnte. Jetzt war ich bereit, meine Scheuklappen abzulegen und mir neue Berufsgebiete anzusehen. Ich hatte ja neben der finanziellen Sicherheit ohnehin genug Zeit.

»Die Einarbeitungszeit dauert etwa ein Jahr. In welchem Semester studierst du noch mal?«, fragte mich Noah.

»Komme jetzt ins zweite, Soziologie«, antwortete ich schnell.

»Erasmus oder so was geplant?«, wollte Noah wissen, und durch seine Direktheit wusste ich, was sich hinter der Frage verbarg. Man merkte, dass es ihm hauptsächlich darum ging, dass ich in der Stadt bleiben und den Job ernst nehmen würde.

»Habe ich nicht vor«, antwortete ich. Hatte ich echt nicht. Irgendwann vielleicht, aber ich war mit Bielefeld als Lebensmittelpunkt echt zufrieden und wollte ohnehin erst mal Zeit mit meiner neuen WG verbringen.

»Komm doch morgen mal zum Probearbeiten vorbei. Dann siehst du schon mal, wie hier der Tagesablauf im Groben und Ganzen funktioniert.«

Alles klar, dachte ich und nahm seine Karte entgegen. »Wann soll ich hier sein?«

»Komm ruhig schon um eins«, wies mich Noah an.

Schon um eins. Ich ließ mir seine Worte durch den Kopf gehen. Im Frühdienst im Restaurant musste ich manchmal um sieben oder acht Uhr morgens anfangen. Ein Uhr klang wirklich entspannt.

Als ich den Laden verließ, musterte ich die Tafel mit den Öffnungszeiten, die ich bei meiner Ankunft übersehen hatte. »Täglich von 15 bis 19 Uhr geöffnet. Freitag bis 20 Uhr.« Paradiesisch.

Am nächsten Tag startete ich voller Motivation in meinen ersten Arbeitstag. Ich stand etwas früher auf, als ich musste, also gegen elf Uhr, und frühstückte erst mal ausgelassen. Gegen zwölf machte ich mich auf den Weg. Zum Laden brauchte ich knapp vierzig Minuten, also konnte ich am ersten Arbeitstag schon mal durch Überpünktlichkeit glänzen.

Als ich im Bus saß, vibrierte mein Handy. Mama rief an.

»Na Sohn, lebst du noch?«

Klassiker. Ich steckte so fest in meinen festen Strukturen aus ausschlafen, Texte lesen und feiern, dass ich mich nicht sehr häufig zu Hause meldete.

»Klar Mama, ich sitze im Bus auf dem Weg zu meinem neuen Job«, prahlte ich.

Mein Vater wusste zwar schon Bescheid, dass ich geschmissen hatte, doch meiner Mutter hatte ich es noch nicht erzählt. Es schien auch bis zu diesem Zeitpunkt noch nicht zu ihr durchgesickert zu sein.

»Was ist denn mit dem alten passiert?«, fragte sie, ohne sich genauer für meinen Neustart zu interessieren.

»Ach, schwierige Nummer gewesen da. Brauchte was Neues.«

»Erzähl doch mal!«

»Ach du, lange Geschichte, Mama. Ich meld mich heute Abend noch mal bei dir und erzähle dir vom ersten Tag im Weinladen.«

»Was machst *du* denn in 'nem *Weinladen*?«, fragte sie empört.

»Na, arbeiten«, gab ich zurück, freute mich über ihre Zuversicht und bemerkte, wie der Bus an besagtem Weinladen vorbeifuhr. Fuck.

»Ich muss Schluss machen, hab grad meine Haltestelle verpasst«, sagte ich schnell und bekam nur ein herzhaftes Lachen zurück.

»Meld dich heut Abend ruhig mal!«

Zu meiner Verteidigung: Die Haltestelle war wirklich *tricky*. Sie lag in einer Kurve, direkt hinter einer Ampel ... Na gut, ich will mich nicht rausreden. Seit ich meinen letzten Job gekündigt hatte, war ich auffallend chaotisch und ständig abgelenkt.

Das Problem am Verpassen der Haltestelle war, dass ich mich nun wirklich mitten im Dorf wiederfand, gefühlte zehn Kilometer von meinem eigentlichen Ziel entfernt, und der nächste Bus erst in einer halben Stunde kam. Ich sprintete also zurück zum Laden und kam erschöpft und gerade noch rechtzeitig zu meinem ersten Arbeitstag. Die beiden Kollegen und Noah amüsierten sich königlich.

Meine Aufgabe bestand hauptsächlich darin, Weinkartons durch das Lager zu tragen und die Flaschen einzusortieren. Ich lief dabei immer einem Kollegen hinterher, und er zeigte mir, wo welche Flasche hinmusste. Im Hintergrund lief Musik, für Kunden war der Laden noch nicht geöffnet, und wir fingen an, miteinander zu plaudern.

Es war recht angenehm mit den beiden Kollegen, und Noah erledigte zwischendurch Telefonate, half aber fleißig beim Transport der Kartons mit. Das war ich nicht gewohnt. In meinen ehemaligen Jobs saßen die Chefs eher im Büro oder am Tresen, aber verrichteten nie die Arbeit der Aushilfen, schon gar nicht mit ihnen gemeinsam.

Nachdem wir etwa eine Stunde lang Paletten leergeräumt hatten, rief uns Noah zu sich. Er stand an der Verkostungstheke und hatte vier Gläser vor sich, in die er Sekt einfüllte. Heute weiß ich, dass es Crémant war, doch zu diesem Zeitpunkt war für mich noch jeder Wein mit Kohlensäure gleich Sekt.

»Auf unseren neuen Kollegen, willkommen im Team!«, sagte er und erhob sein Glas.

Ich war drin.

Weinwissen

Die ersten Arbeitstage im Weingeschäft waren überwiegend mit körperlicher Arbeit verbunden. Zunächst sortierte ich nur Kisten in die entsprechenden Regale. Ahnung von Wein bekam ich dadurch natürlich nicht, aber viele Kunden nahmen das Angebot des kostenlosen Probierens und der Beratung gar nicht wahr und orderten direkt die entsprechende Ware, wobei ich natürlich helfen konnte. Einige meiner Kunden kannte ich aus der Uni, ich bediente teilweise meine eigenen Profs. Manchmal traf ich während der Arbeitszeit Dozenten, die noch wenige Stunden zuvor in der Vorlesung über hochwissenschaftliche Dinge geredet hatten und die sich jetzt erst mal einen Probierschluck im Weinladen gönnten.

Wenn wenig im Laden los war, wurde verkostet. Mir wurde schnell klar, dass ich Wein immer falsch getrunken hatte. Bisher gab es mal zu einem gemeinsamen WG-Essen eine Flasche Wein oder wenn auf einer Party kein Bier und Schnaps mehr da war. Professionelles Trinken war ganz anders: Wenn wir verkosteten, bauten wir zunächst drei Flaschen nebeneinander auf und schenkten in drei Gläser ein. Die Gläser tranken wir nacheinander, und ich erkannte wirklich schnell unterschiedliche Geschmacksrichtungen. Zu Beginn wurde ich von

Noah persönlich an den Wein geführt, irgendwann konnte ich das aber auch allein. Es lief immer nach demselben Muster ab: Weine aussuchen, einschenken, gegeneinander probieren. Ausgespuckt, wie man das aus Filmen kennt, wurde nie. Manchmal, nach Feierabend, tranken wir querbeet, und alle stellten ihre persönlichen Lieblingsweine aus dem Sortiment im Kollegium vor. Häufig ging ich recht angeheitert nach Hause. Wenn in den meisten Jobs Alkoholkonsum während der Arbeitszeit strengstens verboten war – hier wurde er sogar gefordert.

Schon bald wusste ich, dass es beim Wein vor allem auf die Rebsorten ankam. Ein Riesling war beispielsweise fast immer saurer als ein Chardonnay, Sauvignon Blancs waren echte Fruchtbomben. Ich eignete mir Grundwissen an und merkte mir zu Beginn je drei Flaschen Weiß- und drei Flaschen Rotwein mit verschiedenen Rebsorten. Wenn ein Kunde kam und eine Empfehlung wollte, holte ich eine der Flaschen aus dem Sortiment, die ich kannte, und der Kunde sagte dann so etwas wie »zu süß«, »zu sauer« oder »erinnert mich zu sehr an meine Exfreundin«. Kein Witz, es gab echt skurrile Kunden in dem Laden. Je nachdem, wie der Kunde den ersten Wein beschrieb, suchte ich ihm eine Alternative. Ich hatte einen groben Plan im Kopf, welcher Wein im Verhältnis süßer, fruchtiger oder mehr nach neuer Bekanntschaft roch. Allein die Tatsache, dass ich die Bedienung in einem Weinladen war, machte mich aus Sicht der Kunden zu so etwas wie einem Experten – selbst wenn ich Kunden bediente, die schon dreißig Jahre länger Wein tranken als ich und mit Sicherheit viel mehr von der Materie wussten. Ich spielte mit meiner neuen Rolle. Und das ging auf.

Einige Wochen nach meinem Probearbeitstag wollte mich Noah zu einem Seminar anmelden. Es sei ein Grundlagen-Weinseminar, geführt von einem »Weinakademiker«, wie er sagte. Zu dem Zeitpunkt war mir noch nicht bewusst, dass es überhaupt so was wie Weinakademiker gab, doch eine kurze Google-Recherche bestätigte mir die Existenz des Önologiestudiengangs. Ich bekam für die Teilnahme eine Aufwandsentschädigung, außerdem gab es Essen, und das Seminar war ganz in der Nähe. Natürlich sagte ich, ohne zu zögern, zu.

Aus allen Läden im Umkreis kamen die neuen Angestellten zusammen und hörten sich einen Vortrag von einem Doktoranden an, der beruflich durch das Land zog, um Leuten etwas über Wein zu erzählen. Was für ein lässiger Job. Die Schulung war ganz anders als die, die ich damals für meinen letzten Job machen musste. Zu Beginn wurden uns zwei Gläser eingeschenkt, wobei die Flaschen mit einem Strumpf verdeckt waren. Eine sogenannte Blindverkostung. Wir sollten dann die beiden Weine in festgelegter Reihenfolge trinken und uns Notizen dazu machen. Keiner von uns kannte irgendjemanden von den anderen Seminarteilnehmern, und irgendwie versuchte jeder ein bisschen mit seiner bisher gesammelten Erfahrung zu trumpfen. »Ah, Wein Nummer eins wird ein Sauvignon Blanc sein, der zweite eher ein Grauburgunder«, war dort von den selbsternannten Profis – inklusive mir – zu hören. »Der erste ist auf jeden Fall ein Deutscher, der zweite wird wohl ein Spanier sein«, und andere schlaue Sprüche gingen reihum nach vorn zum Seminarleiter, der die ganze Zeit über schelmisch grinste. Nachdem jeder von uns Amateuren mal etwas klugscheißen durfte, zog er die beiden Strümpfe von den Flaschen, und wir sahen beschämt auf zwei identische Flaschen.

»Unterschiedliche Trinktemperatur sorgt für eine unterschiedliche Geschmackswahrnehmung«, sagte der Seminarleiter sichtlich erheitert darüber, dass keiner von uns dahintergekommen war, den identischen Wein als unterschiedlich temperiert zu entlarven. In diesem Stil ging das Seminar weiter, und als ich nach vier Stunden am frühen Nachmittag aus dem Seminarraum kam, fühlte ich mich ungefähr so erhaben wie nach einem guten Soziologieseminar. Nur mit mehr Geld auf dem Konto. Und deutlich betrunkener.

Mein neuer Job war der beste Job der Welt.

Trotzdem näherten sich die Semesterferien bald dem Ende, und ich hatte noch diverse unbearbeitete Uniaufgaben zu erledigen.

Wir alle spielen Theater

Ich musste ein Essay schreiben. Also. Das war die einzige Aufgabe. Die beiden Hausarbeiten, die mir in anderen Seminaren zum Modulabschluss angeboten worden waren, verschob ich auf das kommende Semester. Das war kein Problem, irgendwann musste man sie halt schreiben, aber es gab keine Deadlines. Anders war es beim Essay. Der Dozent des Grundbegriffe-Seminars, das für alle Studiengänge der Sozialwissenschaften verpflichtend war, legte sehr viel Wert darauf, dass wir das Essay bis zum Ende der Ferien fertig hatten. Dabei war die Herausforderung gar nicht das Schreiben an sich, sondern das Formulieren eines zu lösenden Sachverhalts. Wir mussten uns unsere Themen nämlich selbst ausdenken. Das war ein Umstand, den ich zu Beginn des Studiums gar nicht durchblickte. In der Schule gab es Stoff, der zu lernen war und der am Ende des Jahres mit einer Klausur geprüft wurde. Aber eine wissenschaftliche Arbeit zu schreiben und sich selbst ein Thema dafür auszudenken, das stellte mich zunächst vor Probleme.

Natürlich bekamen wir Beispiele in Form von anderen Essays, die in früheren Jahren für die Veranstaltung geschrieben wurden. Die Arbeit einer Studentin hieß zum Beispiel *Die Soziologie der Party*. Das klang cool. Es ging darin um die Grüppchenbildung auf Partys und die Beobachtung, dass Menschen, die zu spät zu einer Feiergesellschaft stoßen, schwieriger Anschluss finden, als Leute, die pünktlich kommen. Das Ganze sei darauf zurückzuführen, dass sich Gruppen zeitlich bedingt miteinander entwickeln und ein Mitglied, welches erst später dazustoße, nicht so stark integriert werden könne. Die zweite Beispielarbeit, die ich las, handelte von dem Phänomen, dass Studenten, obwohl sie eigentlich gewissenhaft lernen sollten, häufig dazu neigten, feiern zu gehen oder andere – unifremde – Dinge zu tun. Das Ganze wurde als Rollenkonflikt beschrieben, und da ich mich selbst darin wiedererkannte, las ich mich in das Thema ein.

Erving Goffmans *Wir alle spielen Theater* war das erste Buch, das ich mir für mein Studium kaufte, und es ist bis heute das von mir in wissenschaftlichen Arbeiten meistzitierte. Beim ersten Mal Lesen musste ich es echt alle paar Seiten beiseitelegen und mir an den Kopf fassen. Ich hatte so viele Aha-Erlebnisse über das Auftreten von Menschen, dass ich mich im Anschluss wie erleuchtet fühlte. Das Buch handelte im Grunde von Selbstdarstellung. Und zwar nicht von Profis wie Politiker oder andere Leute, die in der Öffentlichkeit stehen, sondern von der Selbstdarstellung, die jeder von uns jeden Tag betreibt.

Meine erste Arbeit sollte nun davon handeln, was mit der Selbstdarstellung in Rollenkonflikten passiert. Das war mein Plan. Ich verstand, dass Menschen unterschiedliche Rollen einnehmen und zwischen diesen Rollen wechseln. Eine Frau konnte beispielsweise die Rolle der Führungsposition einer Firma haben, aber auch gleichzeitig Mutter sein. Und Ehefrau. Und wenn sie mit dem Auto zur Arbeit fuhr, war sie sogar gleichzeitig Verkehrsteilnehmerin. Stupide, aber so ist die Soziologie manchmal eben. Wenn nun besagte Frau bei einem geschäftlichen Treffen war und sah, dass eins ihrer Kinder versuchte, sie auf dem Handy zu erreichen, befand sie sich womöglich in einem Rollenkonflikt: Erwarteten ihre Geschäftspartner, dass sie ihre volle Aufmerksamkeit genossen, oder stellten sie sich vielleicht im Vorfeld darauf ein, dass es Unterbrechungen geben könnte – weil sie wussten und akzeptierten, dass es zugleich andere Erwartungen an die Frau mit mehreren Rollen gab. War die Frau eher bereit, die Erwartungen des Kindes, das sie gerade zu erreichen versuchte, zu enttäuschen oder die der Geschäftspartner? Wie sie sich entschied, war ihr allein überlassen, und in ihrer Entscheidung wurde ihre Persönlichkeit erkennbar.

Was ich jetzt hier anhand eines Beispiels auf wenige Zeilen heruntergebrochen habe, lief damals natürlich auf sehr viel mehr Text hinaus. Es ging auch gar nicht darum, eine neue wissenschaftliche Erkenntnis zu finden. Wir sollten lernen, wie man wissenschaftliche Fragen stellte und beantwortete.

Und natürlich die Regeln des Zitierens anwenden, die wir zuvor in den Tutorien zum richtigen wissenschaftlichen Arbeiten gelernt hatten.

Um das Essay zu schreiben, setzte ich mich eine Woche lang zu meinem Vater ab. In Bielefeld gab es viel zu viel Ablenkungspotenzial, und auch Noah war damit einverstanden, dass ich mir etwas Urlaub für die Uni nahm. Er war selbst noch Student, also zumindest auf dem Papier, und wusste deshalb gut Bescheid über die Aufgaben, vor die einen die Uni manchmal so stellte.

Das Beste war, dass der Dozent all seine Vorlesungen aufzeichnen ließ. Mit einem Passwort konnten wir online jederzeit noch mal auf die Vorlesungen zugreifen und vor- und zurückspulen. Das half mir extrem beim Schreiben des Essays, und ich schaute einige Vorlesungen auch mit meinem Vater zusammen, der aber eher Interesse an den Aufzeichnungen als an der Vorlesung hatte.

»Und jetzt kannst du deine Vorlesungen von überall aus ansehen?«, fragte er ungläubig, ohne den Inhalt der Vorlesung weiter zu kommentieren. Soziologie ist wohl einfach nicht jedermanns Ding.

Aber ich war natürlich ebenfalls absolut begeistert von der Technik, mit der hier gelehrt wurde. An der Schule gab es solche Möglichkeiten nie. Unsere Lehrer waren zum Teil nicht einmal in der Lage, die alten VHS-Rekorder eigenständig zu bedienen. Ich erinnere mich an eine Spanischlehrerin, die allen Schülern eine CD mit einem Lernprogramm brennen wollte und am Ende 25 CDs herausgab, auf denen jeweils die Verknüpfung zu finden war – ohne Programm. Die Kindersicherung an den Schul-PCs war so stümperhaft eingerichtet, dass sich einige von uns einen Spaß daraus machten, in Freistunden per Proxy auf Ebay zu surfen und im Namen des IT-Verantwortlichen auf Sextoys und Luxuskarossen zu bieten. Ob je was angekommen ist? Keine Ahnung. Ob wir je erwischt wurden? Haha, von wegen. Heute weiß ich natürlich, dass das ziemlich in die Hose gegangen wäre, wenn wir erwischt worden wären. Aber ich bin Teil einer Generation, die nicht nur auf die Unwissenheit ihrer Eltern und Lehrer zählen konnte, sondern auch auf die der Strafverfolgungsbehörden. Mittlerweile zahle ich gerne für Spotify und Netflix, bestelle manchmal sogar CDs im Internet. Aber in den Nullerjahren gab es noch keine großen Abmahnwellen, genauso wenig, wie es auf uns zugeschnittene Alternativangebote gab, schon gar nicht in Deutschland.

In der Uni war die Bereitschaft der Lehrenden, sich mit den neuen Technologien zu befassen, sehr viel größer, und das machte die Arbeit im Studium sehr viel angenehmer als das analoge Arbeiten mit den vorchristlichen Overheadprojektoren in der Schule.

Mein fertiges Essay reichte ich zunächst bei meinem Tutor ein. Ein Tutor war meist ein etwas älterer Student, der nebenberuflich an der Uni arbeitete und unwissenden Erstis Grundlagen erklärte. Es gab auch Tutoren, die im Laufe der Zeit Kultstatus erreicht haben. Jede Uni hatte da so ihre eigenen Mythen. Mein Tutor war sehr viel älter als ich und leitete das Seminar über wissenschaftliches Arbeiten. Er bot mir an, mein Essay zu kommentieren, bevor ich es endgültig beim Prof einreichte. Ich bekam von ihm ein recht positives Feedback: sauber wissenschaftlich argumentiert, und die Zitate stimmten formal. Doch der Tutor, der in einem sehr hohen Fachsemester in einem der auslaufenden Diplomstudiengänge eingeschrieben war, hatte auch einen Kritikpunkt: Ich hätte recht wenige Quellen benutzt, was er aber als »Bologna-Effekt« abtue.

Was war das für ein Effekt, von dem er schrieb? Es klang schon ein wenig herablassend. Natürlich hatte ich nicht Dutzende Bücher gelesen, um mein Essay zu schreiben. Ich hatte die Texte verwendet, die uns im Seminar vorgeschlagen worden waren. Worin mein Fehler bestand, war mir unklar.

Ich reichte die Arbeit ein und bekam trotz des Bologna-Effekts eine gute Note.

Studienberatung: Kenne deinen Prof

Es gibt zwei Arten von Dozenten: die, die noch die große Ehre hatten, auf Diplom zu studieren, und die, die selbst gerade ihren Master beendet haben.

Diplomierte Dozenten geben in der Regel keine Fristen für Prüfungsleistungen. Sie sagen so etwas wie: »Schreibt die Hausarbeit einfach, wenn ihr ein angemessenes Thema gefunden habt. Das kann dauern, aber wenn ihr die richtige Eingebung habt und über das schreibt, was euch wirklich interessiert, kommt einfach jederzeit in mein Büro und wir sprechen darüber.« Sie sind die Lehrenden von der guten alten Schule.

Aber dann gibt es auch noch diejenigen, die selbst auf Bachelor und Master studiert haben. Diese Bologna-Dozenten sagen eher: »Die Hausarbeit ist bis *allerspätestens* 1. Februar abzugeben, weil ich nur für dieses Semester an eurer Uni bin und danach ein vielversprechendes Forschungsprojekt an der Hochschule Castrop-Rauxel habe, was derzeit zwar auch nur auf sechs Monate befristet ist, aber man muss ja nehmen, was man bekommt. Ach ja, Sprechstunde ist donnerstags von 10:00 bis 10:15 Uhr, Anmeldungen bitte über das Onlineformular auf meiner Homepage.«

Es ist klar, an wen man sich halten muss. Bei Diplom-Dozenten sind die Seminare sehr viel besser gestaltet, weil es keine »Hausaufgaben« gibt. Jedem steht es frei, das zu lesen, was ihn interessiert, solange man an der Diskussion im Seminar teilnehmen kann. Das sorgt für spannende Gespräche und das Zusammentragen von Wissen aus den verschiedensten Disziplinen. Manchmal verlässt man das Seminar und hat das Gefühl, die ganze Welt hätte sich in den letzten neunzig Minuten verändert, weil der eigene Blick auf die Dinge durch das soeben Erlernte viel klarer geworden zu sein scheint.

Master-Dozenten geben gerne 300 bis 750 Seiten Lesestoff bis zur nächsten Sitzung auf, zu denen man die Kernthesen herausschreiben muss, die man noch vor Seminarbeginn auf eine Internetplattform geladen haben soll – sonst wird keine Prüfungsleistung eingetragen, und ausschließlich für Prüfungsleistungen gehen wir ja bekannterweise zur Uni.

Kapitel 4:
Der Routine entkommen

Als das Semester wieder anfing, änderte sich herzlich wenig an meinem Alltag. Diesmal fiel es mir schon viel leichter, meinen Stundenplan zu gestalten, denn im Grunde war es dasselbe Spiel wie im Semester zuvor. Um die bürokratischen Anforderungen für die Punktevergabe zu erfüllen, war es weiterhin nur notwendig, pro Seminar ein Referat zu halten und an gewissen Terminen anwesend zu sein. Deshalb hatte ich viel Zeit. Sehr viel Zeit.

Ich hatte meine Seminare auf frühestens zwölf Uhr gelegt. Mein Alltag bestand also darin, zunächst auszuschlafen und anschließend Texte für die anstehenden Veranstaltungen zu lesen und zur Uni zu trotten. Drei- bis viermal arbeitete ich in der Woche im Weinladen. Da dieser erst nachmittags öffnete, konnte ich das gut mit der Uni verbinden. Die Arbeit war dabei immer etwas Erholung von den schwierigen Unitexten, die im fortschreitenden Studienverlauf auch immer häufiger in englischer Sprache verfasst waren, denn das ist nun mal die Wissenschaftssprache.

Ich hängte mich in den Job und ging schon nach den ersten Wochen immer seltener zur Uni. Ich musste ja auch nicht anwesend sein. Und das Drumherum war viel spannender als das monotone Besprechen öder Texte. Denn daraus bestanden die Seminare ausschließlich. Zu jedem Termin gab es einen Text, den man lesen sollte. Dieser wurde dann in der Gruppe besprochen. Gerade einige Grundlagentexte wiederholten sich von Seminar zu Seminar.

Etwas Neues musste her.

Zu Beginn des Semesters war es häufig so, dass sich Hochschulgruppen in den ersten zehn Minuten einer Vorlesung oder eines Seminars vorstellten. Das Angebot an Gruppen war riesig. Neben studentischen Parteiorganisationen waren auch Menschenrechts-, Umwelt- oder Freizeitgruppen zu finden. Am Ende jeder Vorstellung erläuterten die jeweiligen Vertreter die Vorteile einer ehrenamtlichen Mitgliedschaft. Allem voran priesen sie die Erfahrungen an, die man in der ehrenamtlichen Hilfe sammeln würde. Schließlich gab es keine Bezahlung, also musste sich der Student ja irgendwie fragen, was es ihm bringen sollte, neben Studium und Nebenjob noch irgendwo eine freiwillige, unbezahlte Arbeit zu quetschen. Ein Punkt, der mir viel wichtiger schien, war das Zertifikat über die Beteiligung an einem Ehrenamt. Das könnte in vielen Fällen das Abschlusszeugnis und den Lebenslauf pimpen. Als angehender Soziologe war ich realistisch. Ich wusste bereits, dass es viele Soziologiestudenten gab und man sich irgendwie von der Mehrheit abgrenzen musste, weshalb ich den Hochschulgruppen bei ihren Vorstellungen eine Chance gab. Vielleicht würde ich ja am Ende tatsächlich bessere Aussichten haben, wenn ich ehrenamtlich gearbeitet hätte.

Eine der Hochschulgruppen weckte mein Interesse. Bevor der Prof mit seiner Vorlesung begann, erzählte uns eine Studentin, die unwesentlich älter war als ich, von ihrem Verein, der sich gegen Bildungsungerechtigkeit einsetzte. Im engeren Sinne bestand die Aufgabe des Vereins darin, Studenten mit Hauptschülern zusammenzubringen. Der Verein hatte Kontakte mit den Hauptschulen in der Region, und seine Ehrenamtlichen erörterten im Rahmen einer Coaching-Beziehung mit Hauptschülern deren Bildungsperspektiven. Die meisten Hauptschüler hatten keinen Zugang zu höherer Bildung, die Eltern waren häufig im Ausland zur Schule gegangen oder hatten selbst keinen hohen Bildungsstand. Deshalb sollten Studenten diesen Schülern neue Wege aufzeigen. Das fand ich interessant, und ich ging zu einem Treffen der Gruppe.

Wir trafen uns nachmittags in einem leeren Seminarraum, und die Vorsitzende des Vereins, eben jene Studentin, die vorher in der Vorlesung für die Teilnahme geworben hatte, zeigte uns Statistiken von den Hauptschulen der Stadt. An einer Schule hatten 98 Prozent der Schülerinnen und Schüler Migrationshintergrund, das heißt, dass mindestens ein Elternteil nicht in Deutschland geboren worden war.

In der Oberstufe hatte ich bereits die Erfahrung gemacht, dass viele meiner Mitschüler über »den Hauptschüler« witzelten. Eigentlich sollte man ja vermuten, dass Gesamtschulen gerade wegen der Vielfalt neue Bildungsoptionen bieten, doch die Gruppenbildung war zumindest bei uns enorm weit fortgeschritten. Nur eine Handvoll war bereit, den Freundeskreis unabhängig von der Schulform zu wählen. Der große Rest spottete über die »Dummen«, die »Bildungsversager«. Ich hatte in Niedersachsen noch das große Los gezogen, die sogenannte Orientierungsstufe mitzuerleben. Heute werden Schülerinnen und Schüler nach der Grundschule direkt auf weiterführende Schulen geschickt. Wir hatten dagegen in der fünften und sechsten Klasse noch Luft, um uns zurechtzufinden. Wenn man zwei weitere Jahre im Klassenverband war, führte das anschließend wenigstens noch zu etwas Durchlässigkeit zwischen den Schulformen. Selbst wenn ein Mitschüler nach der Orientierungsstufe eine Realschulempfehlung bekam, kannten diejenigen, die aufs Gymnasium sollten, noch seinen Namen und grüßten, wenn man sich auf dem Pausenhof traf. Manchmal blieben alte Freundeskreise auch bestehen, doch das war eher die Ausnahme. Ich verstand das schon damals nicht und kann mir nicht ausmalen, wie das heute ablaufen muss, wo die Orientierungsstufe abgeschafft ist. Meiner Meinung nach hätte man die Orientierungsstufe verlängern und nicht abschaffen sollen. Aber was weiß ich schon. An der Uni war ich endgültig in einer Parallelgesellschaft angekommen, die gar keinen Bezug mehr hatte zu den Problemen in der nichtakademischen Welt. Deshalb hielt ich es für eine gute Idee, auch mal ein bisschen mit Hauptschülern zu reden und zu erfahren, was die so für Erfahrungen machten.

Schulbesuch

Nachdem ich dem Verein ein eintragsfreies polizeiliches Führungszeugnis und meine Immatrikulation vorgelegt hatte, musste ich diverse Formulare unterschreiben und fand mich einige Tage später mit etwa fünfzehn Mitstudenten aus allen Fachrichtungen an einer Bielefelder Hauptschule wieder. Viele von ihnen hatten einen Migrationshintergrund, und einige Vorstandsmitglieder des Vereins begleiteten uns.

Wir trafen zunächst den Schulleiter und eine Lehrerin und hörten uns wieder Statistiken über die Schule an. Knapp zwei Drittel der Kinder an der Schule kam aus einem Haushalt, der von Hartz IV lebte. Der Schulleiter erzählte uns von seiner Arbeit mit hörbarem Stolz. Er betonte, wie schwer es sei, Kontakt zu den Eltern aufzunehmen und zu halten. Nach diesem kurzen Vortrag und einer anschließenden Frageründe besichtigten wir drei ausgewählte Klassen.

Als ich in die erste Klasse kam, wurde mir direkt unwohl. Im Raum standen Gruppentische, an denen sich jeweils einige leere Stühle befanden. Wir wurden der Klasse als »Gruppe Studenten« vorgestellt und gebeten, uns zu den Schülern und Schülerinnen an die Tische zu setzen. Vorher hatte man uns gebrieft: Die Jugendlichen, die wir heute kennenlernen würden, sollten davon überzeugt werden, sich auf eine Coaching-Beziehung mit uns einzulassen. Wir sollten uns mit einzelnen Schülern über ihre beruflichen Ziele unterhalten und anschließend das Angebot in den Raum stellen, sie bei der Verwirklichung dieser Ziele zu unterstützen. Die Unterstützung folge dann privat als »Face-to-Face-Coaching«. Jedem Studenten wurde ein Schüler zugeteilt, jeder Studentin eine Schülerin. Die Coaching-Beziehung sollte zwei Jahre andauern, und wir erhielten währenddessen vom Verein Unterstützung in Form von Seminaren.

Ich setzte mich an einen Tisch mit zwei Jungs und einem Mädchen. Eine Biologiestudentin, die ebenfalls im Verein aktiv war, kam dazu. »Hi, ich bin Asma, darf ich mich zu euch setzen?« Sie hatte ein bildhübsches Gesicht und verdeckte ihre Haare mit einem eng anliegenden grauen Kopftuch.

Das Mädchen, das bei uns am Tisch saß, trug ebenfalls ein Kopftuch, und Asma unterhielt sich mit ihr viel auf Türkisch, wovon ich natürlich kein Wort verstand.

Die beiden Jungs waren laut eigener Aussage Aleviten, und ich nahm mir fest vor, das Wort zu googeln, wenn ich nachher zu Hause sein würde. Wir waren ja nicht hier, um über Herkunft zu sprechen, sondern über Ziele. Und abgesehen davon war es mir etwas peinlich, als einziger Biodeutscher am Tisch Fragen zu stellen, die jeder andere in der Runde vermutlich nur kopfschüttelnd über meine Unwissenheit beantwortet hätte. Einer der Jungs lag mit dem Kopf auf dem Tisch. Seine Augen waren rot, und ich hatte bereits bei Eintritt in das Klassenzimmer einen leichten Grasgeruch wahrgenommen. Ich führte hauptsächlich mit dem anderen jungen Mann das Gespräch, hin und wieder unterhielten wir uns auch zu viert, aber der auf dem Tisch Liegende war zu nicht wirklich viel zu gebrauchen. Er wollte ganz offensichtlich in Ruhe gelassen werden, und ich hielt es nicht für unwahrscheinlich, dass er der deutschen Sprache gar nicht mächtig war.

»Hast du schon eine Idee, was du nach der Schule machen willst?«, fragte ich den anderen nach einer kurzen Vorstellungsrunde. Er sah seinen Kameraden an und sagte etwas in einer mir unverständlichen Sprache, woraufhin der Liegende einen kurzen Lacher ausstieß und seinen Kopf auf die andere Seite drehte.

»Gucken, was mit Autos vielleicht«, sagte der Junge, als er merkte, dass ich meinen Blick nicht von ihm ließ.

»Super! Und eher Mechaniker oder Händler?«, fragte ich hinterher. Ich ertappte mich dabei, selbst so gespielt interessiert zu klingen wie die ganzen Berufsberater, die ich zu meiner Schulzeit kennengelernt hatte, und fühlte mich direkt noch unwohler in meiner Haut.

»Denke eher Handel, macht mein Cousin auch«, sagte er und fügte schnell etwas in der anderen Sprache hinzu. Wieder stieß der Liegende einen kurzen Lacher aus und drehte seinen Kopf auf die andere Seite.

»Ist dein Cousin Autohändler?«

»Gebrauchtwagen international«, antwortete der Schüler wie einstudiert und zog sein Handy aus der Tasche.

Wenige Sekunden später kam die Lehrerin schnurstracks auf ihn zu, hielt ihre Hand auf und sagte pampig: »Wir hatten das besprochen, her damit.«

Unbeeindruckt und ohne die Lehrerin anzusehen, legte er das Handy in ihre Hand. Sie sah den Jungen an, der auf dem Tisch lag, und schüttelte mit dem Kopf, ehe sie wieder zurück zum Pult ging. Asma, die sich seit Beginn des Treffens mit ihrer Schülerin unterhalten hatte, blickte kurz auf und verzog die Miene. Als die Lehrerin weg war, legte sich der Schüler, mit dem ich eben noch gesprochen hatte, ebenfalls mit dem Kopf auf den Tisch und murmelte etwas in seiner Sprache. Der andere reagierte gar nicht mehr. Alle meine Versuche, ein Gespräch aufzubauen, liefen ins Leere.

»So, die Zeit ist um, wir machen uns auf den Weg zu euren Mitschülern«, sagte die Vorsitzende übertrieben gut gelaunt zur Klasse. Sie stand neben der Lehrerin, und beide grinsten.

Mir war nicht zum Grinsen zumute. Die Situation empfand ich mehr als bedrückend. Der Klassenraum war schmutzig und runtergekommen, die anderen Jugendlichen machten Lärm, und die Lehrerin wirkte überfordert. Mit einem gezwungenen »Hat mich gefreut, euch kennenzulernen, und weiter so!« ermutigte ich die beiden Jungs, sich zumindest zum Abschied noch mal vom Tisch zu erheben. Vergebens.

»Viel Spaß noch«, murmelte der Bekiffte in akzentfreiem Deutsch, ohne sich zu regen, und ich verließ mit den anderen den Raum.

Ich hatte keine Zeit, über das Geschehene nachzudenken, denn die nächste Klasse wartete bereits. An diesem Tag lernte ich noch einen Schüler kennen, der mir stolz erzählte, dass sein älterer Bruder bereits zweimal abgeschoben worden, aber immer wieder nach Deutschland zurückgekehrt sei, und ein anderer erzählte, dass sein Vater wegen Einbruchs im Gefängnis sitze und er selbst schon wegen Körperverletzung vorbestraft sei. Die Perspektiven an diesem Tag reichten von »Gebrauchtwagenhändler« über »Rapper« bis »Hartz IV«. Ich war angekommen. Am unteren Ende unseres Bildungssystems.

Zum ersten Mal fühlte ich mich beschämt, mein Studium nicht wirklich mit Anstrengung anzugehen, sondern es als selbstverständlich zu erachten. Denn diese Jungs hier, die waren am weitesten davon entfernt, gute, höhere Bildung zu bekommen. Studieren war eben doch keine Selbstverständlichkeit, auch wenn ich mit über 500 000 anderen 2011 das Studium aufgenommen hatte und die vollen Hörsäle zunächst einen anderen Eindruck erweckten. Ich vernahm zu diesem Zeitpunkt auch nur Medienberichte, die sich eben auf diesen

Umstand einschossen: Was machen wir mit unseren vollen Hochschulen? Gefangen in der Filterblase. Die Hauptschüler, die vererbte Bildungsarmut und die Integration blieben nach meiner Empfindung viel zu wenig beachtet. Kaum vorstellbar, was für Auswirkungen das hätte, wenn der Kreislauf aus Armut und mangelnder Bildung immer weitergeführt würde. Vermutlich entstünde irgendwann eine bildungsreiche Oberschicht und eine bildungsarme Unterschicht, ohne einen Übergang, eine sogenannte Mittelschicht dazwischen zuzulassen. Davon hatte ich schon im Studium gehört, und die USA wurden immer als gutes Beispiel für dieses Auseinanderdriften der Gesellschaft angeführt. Doch wie konnte man das aufhalten?

Wie konnte man diese Jungs erreichen? Würde es genügen, sie als Beobachter am Studentenleben teilhaben zu lassen? Sie mit in die Uni zu nehmen und neben ihnen in Seminaren zu sitzen, die großenteils auf schwerverständlicher wissenschaftlicher Literatur basieren? Ich bezweifelte das, doch ich wollte Antworten auf meine Fragen finden, und so beschloss ich, die Arbeit im Verein fortzusetzen.

Bei den Eltern

»Wie läuft die neue Arbeit? Kannst du das denn gut mit deinem Studium unter einen Hut bringen?«

»Ach Mama, mach dir darum mal keine Sorgen. Die Arbeitszeiten ergänzen sich super mit meinen Seminaren«, antwortete ich und zermatschte währenddessen meine Kartoffeln.

Ich war zu Hause. Also. »In der Heimat.« Die Floskel hatte sich in meiner WG durchgesetzt, wenn jemand seine Eltern besuchte. Zu Hause war ich längst in Bielefeld. Meine Mutter war nach meinem Auszug zusammen mit meinem jüngsten Bruder und ihrem neuen Freund in ein kleines Haus gezogen.

»Hast du eigentlich mal wieder was von deinem Bruder gehört?«, fragte sie.

Mein anderer Bruder lebte mittlerweile in Hamburg und ließ sich selten blicken. Schichtarbeit war auch so ein Ding, das ich dank meines Studiums nie machen musste, dachte ich und antwortete: »Scheint ihm gut zu gehen ...«

»... sonst hätte er sich gemeldet.« Meine Mutter führte den Satz zu Ende.

Ich blickte von meinem Schnitzel auf und sah, wie sie grinste.

Tatsächlich hatte ich in letzter Zeit sehr wenig von ihm gehört. Er arbeitete über vierzig Stunden die Woche in einer Firma, die Teile für die Automobilindustrie herstellte. Nach seiner Ausbildung war er für kurze Zeit von seiner alten Firma übernommen worden, hatte aber keinen unbefristeten Arbeitsvertrag erhalten. Er meldete sich bei einer Zeitarbeitsfirma, die ihn nach Hamburg vermittelte. Da wir beide uns schon immer einig waren, dass Hamburg die geilste Stadt der Welt war, zögerte er nicht lange und suchte sich eine Wohnung. Dort lebte er nun und war sehr in seine Arbeit eingebunden. Diese bestand nach seinen spärlichen Erzählungen hauptsächlich daraus, neben Maschinen zu sitzen und diese von Zeit zu Zeit zu kalibrieren. Soweit ich weiß, verbrachte er seine Freizeit mit Zocken oder Arbeitskollegen, die selten in seinem Alter waren. Für einen aufgeschlossenen Typen wie ihn, der immer den Kontakt zu anderen Menschen gesucht hatte, musste das schwierig sein. So eine Verschwendung von Sozialkapital, dachte ich mir häufig in meinem Soziologiestudentenhirn. *Der* Typ mit *meinem* Studentenleben: Das wäre eine echte Bereicherung für die Gesellschaft!

Wir aßen zu zweit. Der jüngste Bruder, der mit meiner Mutter in dem kleinen Haus wohnte, steckte in der Ausbildung zum Elektriker und war noch arbeiten. Ebenso wie ihr Freund, der ebenfalls im handwerklichen Bereich arbeitete. Sie war halbtags in einem Logistikunternehmen beschäftigt und klagte zunehmend über körperliche Beschwerden, weshalb sie ständig krankgeschrieben war.

»Schaffst du das alles in der Zeit, die du dir vorgenommen hast?«, fragte sie.

Bei meinem letzten Besuch hatte ich noch geprahlt, wie wenig Aufwand das alles werden würde und dass ich das Studium locker unter der Regelstudienzeit abschließen könnte. Mittlerweile hielt ich die Regelstudienzeit jedoch für angemessen. »Ich glaube, ich werd's in der Regelstudienzeit schaffen«, antwortete ich ihr.

»Wie lange ist die noch mal?«

War doch ganz einfach. Wieso konnte sie sich das bloß nicht merken? 180 Punkte zum Bachelor, sechs Semester Regelstudienzeit, Module 30 und 31 waren verpflichtend, Modul 5 war das Abschlussmodul, bestehend aus der Bachelorarbeit und einem Kolloquium und so weiter. Wie oft musste ich ihr das noch erklären? »Sechs Semester, also drei Jahre.«

»Ich weiß wohl, dass zwei Semester ein Jahr sind«, sagte sie forsch und warf hinterher: »Willst du noch ein Schnitzel?«

Nach dem Essen setzten wir uns auf die Terrasse und tranken Kaffee. Ich erzählte ihr von meinen Eindrücken beim Schulbesuch und meinen Bedenken wegen der verheerenden Zwei-Klassen-Bildungsgesellschaft.

»Vielleicht solltest du in eine Partei eintreten«, war ihr Ratschlag. »Das macht sich bestimmt auch gut im Lebenslauf. So für später.«

Puh. Parteimitgliedschaft. Mein Opa war langjähriges CDU-Mitglied, und ich hatte immer Spaß daran, mit ihm über Politik zu sprechen. Er war Ortsvorsteher, und obwohl er die Möglichkeit gehabt hätte, sich auf Landesebene aufstellen zu lassen, lehnte er derartige Angebote immer ab. »Je höher man geht, desto eher bekommt man Sachen vorgeschrieben«, war seine Begründung. Im Ort konnte er noch direkt auf die Bedürfnisse der Leute eingehen und mit ihnen persönlich sprechen. Hätte er ein höheres politisches Amt bekleidet, müsste er sich an die Parteiprogramme und die »Befehle von oben« halten. Opa schimpfte häufig über Politiker der eigenen Partei. Als ich mal in einer politischen Diskussion mit ihm meinen Mut zusammennahm, um ihm zu erzählen, dass ich, sobald ich wählen durfte, nicht die CDU wählen wollte, musste er lachen. »Du musst es niemandem recht machen, steh zu deinen Überzeugungen«, sagte er. »Hauptsache, du beteiligst dich.« Guter Ratschlag, aber schwer umsetzbar. Wenn man sich für eine Parteimitgliedschaft entschied, so kam es mir vor, entschied man sich direkt für eine Schublade: Alle Linken waren weltfremd, alle Grünen Ökos, SPDler waren alles Industriearbeiter, die unverhältnismäßig viel Lohn wollten, und die AfD bestand aus Nazis. Ich wollte mich nie so kategorisieren lassen, weshalb ich es immer ausschloss, einer Partei beizutreten. Aber aufregen konnte ich mich ähnlich gut wie mein Opa. Am schlimmsten war für mich die CSU. Eine Handvoll bayerischer Dorfmenschen versucht ihre ultrakonservative Weltanschauung auf das ganze Land zu projizieren, ohne einen Hauch von Empathie für die Herausforderungen an die multikulturellen Stadtgesellschaften zu zeigen. Kommt mal endlich im 21. Jahrhundert an, Mann.

»Ja, vielleicht sollte ich das wirklich«, antwortete ich meiner Mutter und nahm einen Schluck Kaffee.

Und dann folgte die Frage der Fragen: »Weißt du eigentlich schon, was du nach dem Studium machen willst?«

Hätte ich für jedes Mal, wenn mir diese Frage gestellt wurde, einen Euro bekommen, könnte ich »bis zum Tod in meinem Geldspeicher schwimmen« antworten. Doch so war es nun mal nicht, und die Frage nach meiner beruflichen Zukunft konnte ich mir selbst nicht beantworten. Was würde nach dem Studium passieren? Ich werde halt arbeiten. Bis zum Tod. Also besser nichts körperlich Anstrengendes. Am besten ein Bürojob, gerade spannend genug, um nicht mit Mitte vierzig vor Langeweile mit Heroin anzufangen. Oder mich einfach aus dem Fenster zu stürzen. Was Kreatives, Abwechslungsreiches. Gerne mit Menschen. Und guter Bezahlung, um *la vida loca* leben zu können und trotzdem nebenbei vorzusorgen. Ja, das würde meinen Traumjob recht gut beschreiben ...

»Weiß ich noch nicht, habe ja noch ein bisschen Zeit.«

»Vielleicht kannst du das mit deinem neuen Job ja ausbauen«, sagte sie mit ernster Miene.

Ich war mir nicht sicher, ob mein Nebenjob tatsächlich mal

so etwas sein sollte wie mein Hauptberuf. Tatsächlich bestand ein Großteil des Jobs aus Routine: Kunden beraten, bedienen, kassieren. Im Lebenslauf führte ich meinen Job im Weinladen unter »Aushilfe im Einzelhandel«, was nicht die Bezeichnung meines späteren Berufs sein sollte. Ich wollte mehr sein als das. Mein Studium sollte sich irgendwie in meinem Job widerspiegeln. Ich wollte meinen Bildungsstand auch beruflich zur Schau stellen, da ich so stolz darauf war, als Erster in der näheren Verwandtschaft zu studieren. Wenn ich anschließend einfach etwas arbeiten würde, das man auch ohne Studium machen konnte, hätte ich gar nicht studieren müssen.

»Ja, vielleicht«, antwortete ich. Ich hatte keine Lust auf ein tiefergehendes Gespräch über meine Berufsziele.

Ich ging hinein, um neuen Kaffee zu holen, als ihr Freund die Wohnung betrat und mich vor der Küche abfing. Wir verstanden uns super, und er freute sich, mich mal wiederzusehen. Schließlich war ich eine ganze Weile nicht in der Heimat gewesen, und mein Besuch war dieses Mal auch eher spontan.

»Ich komme gleich zu euch raus, bringe nur eben meine Sachen nach oben«, sagte er und verschwand die Treppe hinauf. Als ich mit einer neuen Kanne Kaffee nach draußen kam, saß er bereits neben meiner Mutter.

»Wie läuft das Studium?«, fragte er direkt.

»Ganz gut, gerade schon mit Mama drüber gesprochen.«

»Und?« Er schaute mich neugierig an. »Weißt du eigentlich schon, was du danach beruflich machen willst?«

Studienberatung: Umgang mit Verwandten

Jeder kennt das doch: Irgendjemand in deiner Familie hat Geburtstag und muss das pompös mit Verwandten feiern, die man eigentlich nur daher kennt, dass sie auf pompösen Familienfeiern wie diesen erscheinen, um sich danach bis zur nächsten pompösen Familienfeier nicht zu melden. Früher oder später wird die Frage der Fragen gestellt: »Was machst du nach deinem Studium eigentlich beruflich?«

Im Laufe der Zeit habe ich gelernt, welche Antworten man am besten darauf gibt. Zunächst sorgt ein selbstironisches »Na, Taxifahrer!« dafür, die verkrampfte Stimmung jedes noch so einschläfernden Familienfestes zu lockern. Alternativ gehen auch Antworten wie: »Es gibt noch viele freie Stellen in der Soziologiefabrik, die gerade bei uns in der Nähe aufgemacht hat.« Oder: »Ich bin Soziologe, ich kann alles.«

Ganz falsch wäre es, ernsthaft darauf zu antworten. Denn mit »Ich weiß es noch nicht« ist man für den Rest der Feier der Loser, der vermutlich sein Leben lang dem Staat oder seinen Eltern auf der Tasche liegen wird. Und wenn man tatsächlich seine Berufschancen preisgibt, kann man davon ausgehen, dass man bei jeder zukünftigen Feier aufs Neue gefragt wird.

Wer mit dem Wissen um seine exzellenten Statistikkenntnisse antwortet: »Ich werde versuchen, in einem Meinungsforschungsinstitut unterzukommen, um dann zu erörtern, welche Softdrinks bei der werberelevanten Zielgruppe von neun bis 29 Jahren am beliebtesten sind«, den halten alle sofort für einen langweiligen Typen. Schließlich interessiert das höchstens die eine Tante, die regelmäßig diese Produkttests in der ARD guckt, die immer mit dem Satz »Gutes muss also nicht unbedingt teuer sein« enden.

Das Ziel ist es, die Aufmerksamkeit schnellstmöglich von sich abzulenken. Das geht zum Beispiel gut, indem man sich durch das Nennen anderer Studiengänge und Personen erzählerisch vom Inhalt des eigentlichen Studiums entfernt und etwas scheinbar Greifbares sucht.

Antwortmöglichkeit 1: Ich studiere viele Seminare mit Politikwissenschaftlern zusammen. Wusstet ihr eigentlich, dass Barack Obama Politikwissenschaften studiert hat?

Diese Antwort ist zwar idiotensicher, kann aber dazu führen, dass einen alle Verwandten danach für einen angehenden Politiker halten. Was natürlich Blödsinn ist, aber Politiker verdienen – und darin sind sich alle einig – »viel zu viel Geld« für »viel zu wenig Arbeit«. Damit ist zumindest schon mal das Klischee des Pleitegeiers vom Tisch. Aber schmink dir ab, dass dir irgendein Verwandter am Ende der Veranstaltung noch Geld zusteckt. Zudem musst du dir bewusst sein, dass Gespräche über Politik durchaus nach hinten losgehen können. Spätestens, wenn irgendwas mit Ausländern debattiert wird, weißt du, warum du einen Teil deiner Verwandten nur bei Familienfeiern siehst. Und warum es so bleiben sollte. Sollte es der Fall sein, dass du einige traumtanzende Hinterwäldler (in der Regel CSU-Wähler) zu deinem entfernten Familienkreis zählen kannst, nutze unbedingt eine andere Option.

Antwortmöglichkeit 2: Ich werde wohl an der Uni bleiben, meinen Doktor machen und in der Forschung arbeiten.

Das hat den Vorteil, dass »Wissenschaftler« ein Beruf ist, unter dem sich viele etwas vorstellen können. Bunte Flüssigkeiten in Reagenzgläsern mischen, Mittel gegen Krebs finden, den Weltraum erforschen. Die Antwort bietet genug Möglichkeiten, die Verwandten von dir abzulenken und ein neues Thema zu beginnen. Sprich diesen Satz, und ich verspreche dir, in kürzester Zeit unterhält sich deine Verwandtschaft wieder über normale Themen wie die Existenz von Aliens, die Gefahr durch den Supervulkan unter dem Yellowstone-Nationalpark oder andere geistreiche Wissenschaftsthemen des Nachtprogramms von N24.

Meine persönliche Lieblingsantwort ist jedoch ...

Antwortmöglichkeit 3: »Ich habe eine Tendenz. Bei uns gibt es die Möglichkeit, seinen Schwerpunkt in Kriminologie zu wählen.«

Diese Antwort ist genial, weil sie genug Interpretationsspielraum lässt, aber auch verdeutlicht, dass du dein Studium ernst nimmst und dir wirklich eine berufliche Perspektive damit ausmalst. Weil du nach deiner beruflichen Zukunft gefragt wurdest, gehen nun alle davon aus, dass du »Kriminologe« wirst. Und Kriminologen sind die, die Blutspritzer analysieren und Mordfälle aufklären. Wahlweise aber auch Unterhändler bei Geiselnahmen. Oder die, die Pädophile durch das Cyberspace jagen. Es gibt kein familiäres Paralleluniversum, in dem jemand auf die Idee kommen würde, Kriminologen machten das, was sie tatsächlich tun: nämlich Statistiken aufstellen und interpretieren. Im allgemeinen Sprachgebrauch sind Kriminologen mit Profilern gleichzusetzen, und die kennt man aus einer der tausend CSI-Serien oder zumindest aus den neueren Tatorten. Profiler sind in, hip, gut bezahlt und absolut ehrenwert. Natürlich ist dir bewusst, dass du kein Profiler wirst. Du bist weder Polizist noch Biologe, aber die Gespräche am Tisch nehmen eine rasche Wendung, weit weg von dir und der Unwissenheit über deine berufliche Zukunft.

Wissenschaft

Natürlich erübrigen sich die Gespräche um die berufliche Zukunft, wenn die Familie aus lauter Akademikern besteht. Denn die wissen in der Regel, dass ein Studium ungeachtet der Fachrichtung der beste Garant dafür ist, einen Job zu finden, und sich die Perspektiven meist erst während des Studiums ergeben.

Im Laufe der Zeit wuchsen meine Zweifel, dass eine wissenschaftliche Karriere für mich infrage kam. Viele Themen fand ich spannend, und ich hatte Spaß am wissenschaftlichen Arbeiten. Aber die Arbeitsbedingungen meiner Dozenten brachten mich zügig von der Idee ab, meine berufliche Zukunft in der Wissenschaft zu suchen. Die meisten Dozenten haben mich im Studium nämlich nicht länger als zwei Semester begleitet. Die Verträge von Nachwuchswissenschaftlern waren durchweg befristet, und wer wirklich eine wissenschaftliche Karriere anstrebte, an deren Ende eine Professur auf Lebenszeit stand, der musste bereit sein, an so vielen Standorten wie möglich über Jahre hinweg in der Schlammzone zu kriechen. Also quasi wie ein Bundeswehrsoldat, nur ohne Krieg. Wobei man das Betteln um Drittmittel in der deutschen Hochschullandschaft offenbar gut damit vergleichen konnte.

Wer nur temporär in die Wissenschaft will, um sich seinen Doktortitel abzuholen und anschließend irgendwo in einer hohen Position eines Wirtschaftsunternehmens unterzukommen, der sollte sowieso keine Geisteswissenschaften studieren. Denn ein entsprechender Doktortitel ist mit super viel Aufwand verbunden. 250 bis 400 Seiten sind in einer geisteswissenschaftlichen Dissertation keine Seltenheit. Dazu kommen dann penible, selbst durchgeführte Forschungen, bei denen der kleinste Rechenfehler bereits über *summa cum laude* und Kummer durch Nichtbestehen entscheiden kann. Wer nur an die Hochschule möchte, um einen Doktortitel abzugreifen, dem rate ich zu einem Medizinstudium. Mediziner schreiben ihre Mini-Dissertation meist schon während des Studiums und haben eh die geilsten Themengebiete. Recht bekannt ist ja die Diss des Urologen, der über *Penisverletzungen bei Masturbation mit Staubsaugern* promoviert hat. Die Arbeit hat sechzig Seiten, plus acht Seiten Anhang. Es kommt halt nicht auf die Länge an (was, nebenbei bemerkt, auch die bahnbrechende wissenschaftliche Erkenntnis der genannten Dissertation ist).

Eine Bindung zu einem jüngeren Dozenten habe ich aufgrund der befristeten Verträge nie aufbauen können. Im gesamten Studium nicht. Es wäre wirklich schön gewesen, eine bereits geschriebene Hausarbeit weiter auszuführen, um sich in einem Thema über die Semester hinweg besser auszukennen. Doch da jedes Semester ein neues Gesicht im Seminarraum oder Hörsaal anzutreffen war, verdarb mir das die Lust, bereits bearbeitete Themen weiterzuverfolgen. Studienarbeiten sind zu einem gewissen Maße nämlich immer Gemeinschaftsprojekte zwischen dem Studierenden und dem Lehrenden. Er betreut die Arbeit, gibt also Kritik und nennt Anhaltspunkte, an denen man sich orientieren kann.

In den kurzen Sprechstunden kommt man manchmal sogar in den Genuss, seine Dozenten mit ihren eigenen Forschungsthemen etwas besser kennenzulernen – vorausgesetzt, sie finden Zeit dafür. Denn teilweise fühlt man sich wie beim Arzt. Besprechung des Themas in fünfzehn Minuten, dann kommt der nächste Patient aus dem Wartezimmer. Am besten jedoch per E-Mail melden, damit der Lehrende auf dem Weg von einem Seminar zum nächsten noch schnell eine Antwort in sein Smartphone eintippen kann.

Einer meiner Dozenten im zweiten Semester promovierte in Sportsoziologie. Nicht weil er das Thema besonders toll fand, wie er mir einmal erzählte. Sondern weil er es anstrebe, seinen Doktortitel zu bekommen und man »die Angebote annehmen muss, die einem gemacht werden«.

Und wer meint, die Bezahlung sei eine Entschädigung für diese Arbeitsverhältnisse, dem sei gesagt: Nur weil eine Fünfzig-Prozent-Stelle im Arbeitsvertrag steht, heißt das noch lange nicht, dass auch nur fünfzig Prozent gearbeitet werden muss. Eine befreundete Biologin, die an der Uni angestellt ist, berichtet mir von regelmäßigen Sechzig-Stunden-Wochen, obwohl sie eine 75-Prozent-Stelle bezahlt bekommt. Sie will nach dem Erhalt ihres Doktortitels deshalb unbedingt in die Wirtschaft und keinesfalls im universitären Bereich beschäftigt bleiben. Solche Geschichten höre ich recht häufig von jungen Wissenschaftlern. Schön blöd für den Wissenschaftsstandort Deutschland, wenn es im Ausland weitaus bessere und sicherere Verträge gibt.

Politik

Wie ich bereits andeutete, fand ich den Weg in eine Partei. Ich wollte keine politische Karriere machen, doch mit Gleichgesinnten über Politik zu sprechen reizte mich schon. Zumal eine Parteimitgliedschaft noch weitere Vorteile mit sich brachte wie die Möglichkeit, an Stipendien zu gelangen.

Stipendien brachten nicht nur ein üppiges Zusatzeinkommen mit sich, sondern auch einen schönen Bonus für den Lebenslauf. Die Suche nach der richtigen Partei war für mich die Suche nach einem geeigneten Stipendium. Jede Partei hatte Stiftungen, die Studierende förderte. Voraussetzung für eine Förderung war dabei meist einfach nur eine Parteimitgliedschaft. Tatsächlich glauben bis heute viele, dass man an Stipendien nur gelangt, wenn man ein Überflieger im Studium ist. Doch weit gefehlt. Es gibt eine Menge Stiftungen und Verbände, bei denen man sich bewerben kann, obwohl man noch ein Sozialleben außerhalb der Bibliotheken führt.

Eine Parteimitgliedschaft, die man im Lebenslauf stehen hatte, half darüber hinaus auch dabei, »Farbe zu bekennen«. Also zu zeigen, dass man Überzeugungen und Prinzipien hatte, über die man sprechen und streiten konnte. Zudem machten einige Kommilitonen von mir dank ihrer Partei ein Praktikum im Bundestag, was ich ziemlich spannend fand. Die Option wollte ich auch haben.

Meine politische Gesinnung unterschied sich wenig von der meiner Kommilitonen. Die meisten wählten die Linkspartei, was für mich aber nicht infrage kam. Ich teilte zwar die Auffassung, dass die derzeitige Politik ungerecht gegenüber den »kleinen Leuten« war, doch die Linkspartei hatte für mich immer einen faden Beigeschmack. Meine Großeltern flüchteten früh aus der DDR, und die Linkspartei war mir noch zu nahe am Unrechtsstaat, als dass meine Sympathie für einzelne Politiker darüber hätte wegtäuschen können. Davon abgesehen gab es viele in der Partei, die noch aus alten DDR-Zeiten dabei waren, und das stieß mir sauer auf.

Ich wollte mich zwischen der SPD und den Grünen entscheiden. Da das Büro der Grünen näher an meiner WG war und ich nicht so weit laufen musste, entschied ich mich dafür, zukünftig als Öko abgestempelt zu werden. Demokratie kann so einfach sein.

Ich ging also in das Büro und erwähnte, dass ich mich in einem Verein gegen Bildungsungerechtigkeit engagierte und gerne wissen wollte, was die Partei von der Materie hält. Die Frau auf der anderen Seite des Schreibtisches erwiderte, dass sich die Grünen lokal und auf Bundesebene dafür einsetzten, die Hauptschulen zu erhalten und durch mehr Sozialarbeit besser zu fördern. Das reichte mir, um meine Unterschrift zu setzen und fortan für sechs Euro im Monat Parteimitglied bei den Grünen zu werden.

Eine Woche später bewarb ich mich auf ein Stipendium und erhielt eine Absage. Doch egal, ich war jetzt Parteimitglied und suchte mir Veranstaltungen raus, bei denen ich Gleichgesinnte kennenlernen konnte.

Ich wurde Teil einer Arbeitsgemeinschaft, die sich mit Migration und Bildung auseinandersetzte, und besuchte auch einige Treffen. *Fun Fact*: In dem Team aus zehn Leuten waren acht studierte Soziologen. Lange vor der Flüchtlingskrise wurde in der Gruppe schon auf die Flüchtlingssituation hingewiesen. Es ging neben der Enteignung von Wohnhäusern zugunsten von Asylsuchenden oft um regionale Auftritte von Politikern und den Erhalt von Schwimmbädern oder anderen öffentlichen Gebäuden. Lokalpolitik eben. Ich war nicht wirklich in der Materie und ließ die Parteiarbeit schnell wieder ruhen. Das waren alles keine Themen, die mich berührten. Ich war auch mit Abstand der Jüngste in der Arbeitsgemeinschaft und fand keinen richtigen Anschluss.

Viel cooler waren die Bildungsfahrten. Ich erinnere mich an eine Fahrt, die wir nach Berlin unternahmen. Wir durften sogar ins streng gesicherte Kanzleramt, und ich sah die ganzen Orte, die ich sonst nur aus den Nachrichten kannte. Einmal konnten wir sogar Cem Özdemir in unserer Runde begrüßen und ihn ausfragen. Wir warteten lange im Konferenzraum des Bundestages auf ihn. Als er kam, entschuldigte er sich für die Verspätung, legte sein Sakko und die Krawatte ab, krempelte die Ärmel seines Hemdes hoch und erzählte angestrengt davon, dass Erdogan gerade verkündet habe, er sei nicht mehr in der Türkei willkommen. Das ging ihm sichtlich nahe, und ich war total überrascht, wie menschlich Toppolitiker doch fernab der Kameras sein konnten.

Trotzdem bin ich nicht mehr in der Partei. Mich nervte irgendwie, dass alle ihren nachhaltigen Lebensstil für ein interessantes Gesprächsthema hielten und es auf den Veranstaltungen nie was Richtiges zu essen gab. Den Rest gaben mir jedoch die Aufkleber, die auf AfD-Wahlplakate geklebt wurden, auf denen »Wählt nicht die AfD« stand. Absender war meine Partei. Die Vorstellung, dass meine sechs Euro im Monat dafür verwendet wurden, Aufkleber zu drucken, die andere Wahlplakate verschandelten, brachte mich dazu auszutreten. Das Geld konnte man echt besser investieren.

Trotzdem hat mir die Parteimitgliedschaft eine wertvolle Lektion vermittelt: Viele Möglichkeiten eröffneten sich, wenn man sich einfach mal traute, den Kontakt zu Gleichgesinnten zu suchen. Seien es Parteien, Vereine, Verbände, völlig egal. Eine befreundete Politikwissenschaftlerin kam beispielsweise durch ihre Parteizugehörigkeit in einem Lobbyverband unter und machte dort jetzt ein paar meiner Meinung nach verdammt spannende Dinge – bei gutem Gehalt.

Supervision

Was aber zunehmend Spaß machte, war mein Ehrenamt.

Lange nach dem Schulbesuch stand ein Treffen an, bei dem die Endauswahl an Schülern und Schülerinnen den angehenden Coaches (also auch mir) vorgestellt wurde. Es waren diejenigen, die sich für das Projekt angemeldet hatten und nach Rücksprache mit den Schulleitern als geeignet eingestuft wurden. Viele kamen nicht infrage, da sie zu gravierende persönliche Probleme hatten. Denn wir als Studenten, die keineswegs therapeutisch ausgebildet waren, hätten uns vermutlich an einigen Geschichten der Jugendlichen zu sehr aufgerieben. Ohnehin wurde die Arbeit als »psychosozial« beschrieben, weshalb wir vom Verein dazu angehalten wurden, regelmäßig zu Supervisionen zu gehen.

Bei dem gemeinsamen Treffen lernte ich einen Schüler kennen, der sehr aufgeweckt schien und scheinbar alles im Griff hatte. Er kam von einer anderen Schule als der, die ich besichtigt hatte, und wir verstanden uns auf Anhieb. Er war einer der wenigen Deutschen in der Gruppe Neuntklässler, die uns vorgestellt wurden, und ich entschied mich dafür, ihn zukünftig zu betreuen.

Als ich wenige Tage nach dem Treffen das erste Mal seine Eltern kennenlernte, war ich überrascht. Beide waren Akademiker, und sie wohnten mit ihm und seiner zwei Jahre älteren Schwester in einem großen Haus in einer schicken Gegend am Rande Bielefelds. Wie sich herausstellte, war der junge Mann zusammen mit seiner Schwester adoptiert worden. Die leibliche Mutter war mit neunzehn Jahren bereits das vierte Mal schwanger, und offensichtlich wurden die Kinder vom Jugendamt in eine Pflegefamilie gegeben. Er und seine Schwester kamen gemeinsam in eine Familie. Es schien so, als käme der Junge mit seiner Biografie nicht ganz zurecht, und seine Eltern und Lehrer hatten ihm nach wiederholten Auffälligkeiten in der Schule dazu geraten, an dem Programm teilzunehmen.

Nach unserem ersten Treffen hatte ich zunächst ein Coaching-Seminar vom Verein und eine Probestunde Supervision zu absolvieren sowie Rücksprache mit dem Vorstand zu halten, bevor die Beziehung endgültig starten sollte. Die Zeit verstrich, und wir sahen uns nach dem ersten Besuch in seinem Elternhaus eine ganze Weile nicht wieder. Der Verein war noch dabei, sich aufzubauen, und es gab' noch nicht genug Supervisoren, die sich bereiterklärten, ohne Bezahlung zu arbeiten. Demnach lag alles erst mal auf Eis.

Nach einem der gemeinsamen Treffen des Vereins fiel mir ein Plakat in der Unihalle auf. Es sah nicht besonders professionell aus, doch die Überschrift klang vielversprechend: »Arbeiten unter Palmen – Geld verdienen, wo andere Urlaub machen«. Wenn ich schon das Coaching nicht anfangen konnte, könnte ich mir doch wenigstens woanders Abwechslung suchen, dachte ich, riss mir eine Nummer ab und steckte sie ein.

Einige Tage später meldete sich der Verein per E-Mail-Verteiler und gab feierlich bekannt, dass wir alle unsere Supervisionen antreten konnten und auch der Termin für das erste Coaching-Seminar feststand.

Ich trug mich für einen der ersten Termine für die Supervision ein und fand mich wenige Tage später in einer Seitengasse der Bielefelder Innenstadt wieder.

Dr. Ruth war eine kleine Frau, schlank, mit Brille. Sie öffnete mir die Tür eines ockerfarbenen Reihenhauses. Ich hatte online gelesen, dass Supervisionen mit Psychotherapien verglichen werden können und als Begleitung von Arbeiten in psychosozialen Berufen verbreitet seien, und entsprechend eine Art Arztpraxis erwartet. Doch das hier war eine Wohnung. Eine aufgeräumte, spärlich eingerichtete Wohnung. Dr. Ruth brachte Kaffee und Wasser und bat mich in einen Raum, der nur mit zwei Stühlen und einem kleinen Glastisch ausgestattet war.

»Hast du gut hergefunden?«, fragte sie.

»Ja, dank Google Maps kein Problem«, antwortete ich.

Sie schmunzelte. »Würdest du denn von dir sagen, dass du einen guten oder einen schlechten Orientierungssinn hast?«

Die Reaktion überraschte mich etwas. Ich gab ihr zu verstehen, dass ich kein Problem damit hatte, mich zu orientieren. Als ich ungefähr acht war, saß ich mit einer Straßenkarte auf dem Beifahrersitz im Auto meines Vaters und hatte die Aufgabe, uns nach Paris zu navigieren. Als Sohn eines ehemaligen Offiziers lernte man so was wohl. Außerdem verbrachte ich meine spätere Kindheit im tiefsten Dorf, da hieß es, sich im Wald zurechtfinden oder elendig sterben.

Die Anekdote inklusive Späßen fand sie weniger lustig. »Weshalb machst du das?«, fragte sie in Bezug auf mein Ehrenamt.

Genau das Gleiche hätte ich sie auch fragen können, schließlich hatte ich im Internet recherchiert, dass eine normale Sitzung bei ihr rund 170 Euro kostete, auf die sie aber für den Verein verzichtete.

Wir beschäftigten uns mit der Frage bis zum Ende unseres Gesprächs, und ich könnte jetzt weit ausholen, von Problemen in meiner Jugend, dem Wunsch nach Aufmerksamkeit, der Beziehung zu meiner Familie und einem Helfersyndrom. Doch ich belasse es mal dabei, dass wir uns sehr freundlich nach anderthalb Stunden voneinander verabschiedeten und mein Kopf sich nach dieser Sitzung wie durch den Fleischwolf gedreht anfühlte. Trotzdem freute ich mich auf den nächsten Termin in drei Monaten, zu dem ich mir gewisse Dinge durch den Kopf gehen lassen sollte.

Als ich nach dem Treffen zurück in meine WG kam, saßen meine Mitbewohner alle um den Küchentisch in der großen Küche. Ich setzte mich dazu und erfuhr, dass einer von ihnen eine Zusage für ein Auslandssemester in Los Angeles bekommen hatte. Wir freuten uns für ihn und begossen seinen Plan, ein halbes Jahr in den USA zu leben. Er bot uns betrunken an, ihn zu besuchen, sobald er angekommen sei und alles Organisatorische geklärt habe. Dicht wie wir waren, hielten wir das für eine gute Idee, ohne wirklich darüber nachzudenken, was für Kosten so ein Besuch verursachen würde.

Die Mitbewohner

Meine sieben Mitbewohner und ich waren ein Dream-Team. Wir unternahmen viel gemeinsam, obwohl wir alle in unterschiedlichen Studiengängen waren und auch teilweise große Altersunterschiede vorherrschten.

Bei uns war immer was los. In einer Achter-WG hatte man nicht nur viele Mitbewohner um sich herum, sondern auch deren Freunde und Kommilitonen. Da kam es schon mal vor, dass ich die Küche betrat und auf dem Küchentisch ein Roboter herumfuhr, der selbstständig die Enden des Küchentisches erkannte. Als er sich plötzlich umdrehte und gegen ein Nutella-Glas fuhr, bereitete das den Elektrotechnikern drum herum Kopfzerbrechen.

Hin und wieder machte jemand ein Praktikum in einer anderen Stadt, und wir bekamen Zwischenmieter. Das war immer ein bisschen wie Airbnb auf Dauer. Bis heute habe ich mit ein paar Dutzend verschiedenen Menschen zusammengelebt, mal lief es besser, mal schlechter. Doch man konnte sich immer arrangieren. Das lernt man in einer WG zwangsläufig, denn wer sich nicht auf Kompromisse einlassen kann, wird mit seinen Mitbewohnern keine angenehme Zeit haben.

In unserem Acht-Personen-Haushalt war Organisation unabdingbar. Es gab mehrere Putzpläne und Regeln, an die auch ich mich halten musste. Zum Beispiel, dass wir in der Prüfungsphase besondere Rücksicht nahmen; dass kein Sex in Gemeinschaftsräumen stattfand; dass dem gemeinsamen Eigentum der gleiche Respekt zuteilwurde wie dem persönlichen. Natürlich funktionierte das nicht immer perfekt, doch ich lernte, auch mit den Fehlern anderer umzugehen oder die wenigen Stunden effektiv zu nutzen, in denen ich mal sturmfrei hatte.

Der Älteste von uns war Nathan. Er war ein großgewachsener, bärtiger Witzbold, der Elektrotechnik studierte. Da er vorher eine Ausbildung gemacht hatte, war er bereits 26 Jahre alt und stand kurz vor seinem Bachelor. Er machte immer abgefahrenen Technikkram und baute sich sogar mal einen eigenen 3-D-Drucker. Meine Mitbewohnerin mit dem besonderen Namen, der ich den Einzug überhaupt erst zu verdanken hatte, hieß Jemima. Sie, Lukas und Pua waren wie ich neunzehn Jahre alt, und wir studierten alle etwas Geisteswissenschaftliches. Der Mitbewohner, der ein halbes Jahr in den USA studieren würde, war ein kleiner Kosovo-Albaner und hieß Aram. Er studierte Wirtschaftsingenieurwesen und stand wie Nathan mit Mitte zwanzig kurz vor seinem Abschluss. Sein

Semester im Ausland sollte sein letztes sein, weil er dort seine Bachelorarbeit schreiben wollte.

Nach der Nacht, in der wir auf Arams bewilligtes Auslandssemester anstießen, sprachen wir noch sehr häufig von dem Vorhaben, ihn gemeinsam in den USA zu besuchen. Wir überlegten, was man alles an der Westküste der USA sehen konnte, und malten uns aus, wie wir am besten einen Roadtrip gestalten würden. Es kam der Tag, an dem Aram abreiste, und schon wenige Tage später skypten wir mit ihm. Er zeigte uns seine kleine Unterkunft, erzählte von verrückten Sachen, die er bereits erlebt hatte, und versicherte uns, dass wir jederzeit willkommen seien. Und so kam es, dass Nathan uns eine Flugverbindung raussuchte und der WG freistellte, ihn auf der Reise zu unserem Freund Aram zu begleiten.

800 Euro sollten allein die Flüge kosten, und ich war natürlich nicht in der Lage, so viel Geld auf einmal aufzubringen. Auch meine anderen Mitbewohner waren sich unschlüssig. Am selben Tag entdeckte ich in meinem Portemonnaie jedoch den Schnipsel mit der Telefonnummer wieder, den ich zuvor von dem Werbeplakat in der Uni gerissen hatte. Ich erinnerte mich nicht nur an die Aufmachung, »Geld verdienen, wo andere Urlaub machen«, sondern auch an die Behauptung, man könne 250 Euro am Tag verdienen. Vielleicht war es einfach so was wie Schicksal, ganz sicher war es eine absolut wahnwitzige Idee, aber ich erinnerte mich an mein *Trial-and-Error*-Mantra, zog mein Handy aus der Tasche und tippte die Nummer ein.

Wenige Wochen später saß ich im Flughafen Düsseldorf mit meinem Gepäck und einem One-Way-Ticket nach Palma. Mein Kontakt hatte mir am Telefon gesagt, dass viele zunächst ein One-Way-Ticket buchten, da das Rückticket mit dem Geld, das man bei der Arbeit verdiente, ohne Probleme spontan gekauft werden konnte. Ich war zwar skeptisch, doch ich hatte mir vorgenommen, die Insel nicht eher zu verlassen, bis ich die benötigten 800 Euro für den Flug in die USA verdient hatte.

Noah war nicht begeistert von meinen Urlaubsplänen gewesen, doch er ließ mich gewähren. Ich hatte meinen Laptop eingepackt und nahm mir halbherzig vor, eine Hausarbeit während meines Aufenthalts auf Mallorca zu schreiben. Tatsächlich würde ich keine einzige Zeile tippen, bis auf eine E-Mail, in der ich um einen Aufschub der Deadline bat. Denn am Ballermann gab es viel spannendere Sachen als Unikram.

Das Aufschieben von Arbeiten gehörte zu diesem Zeitpunkt bereits zu meinem Unialltag. Es gab eine ganze Menge zu erledigen, und durch meine außeruniversitären Beschäftigungen fehlte mir schlichtweg die Zeit, mich in komplexe Sachverhalte einzulesen. Die sechs Semester Regelstudienzeit wurden für mich so langsam unerreichbar, doch das war mir egal. Ich hatte zu viel Spaß daran, das Studentenleben auszukosten und spannende Dinge zu erleben, für die ich meine Zeit in der Bib und die Aussicht auf ein baldiges Berufsleben gerne eintauschte. Denn am Ende des Studiums sollte – in welcher Form auch immer – das endlose Arbeitsleben stehen, da war ich mir sicher. In meiner Schulzeit kamen einige Absolventen häufiger zurück auf den Pausenhof, um uns von ihren begonnenen Ausbildungen zu erzählen. Häufig jammerten sie, mahnten, dass wir uns glücklich schätzen sollten, noch Schüler zu sein. Denn die Schule sei »die beste Zeit ihres Lebens« gewesen, jetzt, da sie in einer Ausbildung waren und die Vierzig-Stunden-Woche ihren Alltag bestimmte. Ganz im Ernst: Ich sehne mich keineswegs zurück in die Schule. Das Studium war so viel besser, ich hatte nicht nur mehr Freizeit, sondern auch viel coolere, spannendere Inhalte. Auch wenn es manchmal langwierig und anstrengend war, sich die komplexen Themeninhalte anzueignen, empfand ich es doch als deutliche Verbesserung zur Schule.

Als ich in Palma landete und aus dem Flughafen zu den Taxiständen ging, wurde mir wieder schlagartig bewusst, wie geil das Studentenleben doch war. Wie viele Schüler und wie viele Auszubildende konnten sich das erlauben? Ein One-Way-Ticket nach Palma zu kaufen, einfach ins Blaue zu fliegen, ohne sich Gedanken über morgen zu machen? Ganz abgesehen von den Leuten, die arbeiteten. Die müssten erst Urlaub beantragen und super weit vorausplanen. Ich war froh, nicht in dieser Lage zu sein, sondern einfach tun und lassen zu können, was ich wollte. Ich blickte auf die Palmen, zog meine Jacke aus und verabschiedete mich endgültig von dem Gedanken, hier meinen Laptop auszupacken, um eine Hausarbeit zu schreiben. Scheiß drauf, das Leben rief mich, und ich war zur Stelle.

Es war angenehm warm, und die Luft roch leicht nach Meer. Ich stieg in ein Taxi und ließ mich zu der Adresse bringen, die ich vorher bekommen hatte.

Als ich ausstieg, fand ich mich am Ballermann 2 wieder. Der Ballermann war in Abschnitte geteilt, die durch nummerierte Häuschen am Strand kenntlich gemacht waren. Überall tummelten sich Menschen. Die Playa war voll, und aus allen Ecken schallte Musik.

Ich ging in ein kleines Hotel und meldete mich an der

Rezeption. Die Rezeptionistin bat mich, Platz zu nehmen, und wenig später setzte sich ein blonder junger Mann mit schütterem Haar zu mir in die Lobby.

»Hi, ich bin Aaron. Hast du gut hergefunden?«
»Dank Google Maps, klar.«

250 Euro am Tag

Aaron war wenig älter als ich und wirkte auf mich ständig nervös. Er spielte immer an etwas herum, wenn er nicht gerade eine Zigarette in der Hand hielt. Wenn man ihm eine Frage stellte, brauchte er immer ein paar Sekunden Bedenkzeit, bis er eine Antwort gab. In dieser Zeit sah er einen dann mit leerem Blick an, als sei sein Gehirn kurz schockgefrostet gewesen. Bei unserem ersten Treffen im Hotel klärte er mich kein Stück über die Arbeit auf, die mich erwartete. »Das siehst du dann alles schon«, sagte er auf Nachfrage. Viel wichtiger war ihm, klarzustellen, dass die Arbeit auf Mallorca gewisse Tücken mit sich brachte.

»Bist du hier, um Geld zu verdienen?«, fragte er. Er nahm einen großen Schluck aus seinem Red Bull, das er, als er reingekommen war, ohne Bestellung an der Rezeption bekommen hatte.

»Ja«, antwortete ich entschlossen. Das entsprach der Wahrheit, schließlich hatte ich mir als Ziel gesetzt, 800 Euro zu verdienen, um den gemeinsamen Urlaub mit meiner WG finanzieren zu können.

»Dann lass dir gesagt sein, es gibt hier zwei Dinge, die dich vom Geldverdienen abhalten: die Partys und die Frauen.«

Ich sah ihn fragend an.

»Die sind nämlich aus dem gleichen Grund hier wie die Männer«, sagte er wie einstudiert.

Ich stutzte.

»Pass auf, du schläfst heute noch hier im Hotel, und morgen früh kommst du zum Meeting, dann erfährst du alles Weitere, und ich bringe dich in eine neue Wohnung, okay?« Er schrieb mir eine Adresse auf und sagte: »Meine Nummer hast du ja, falls irgendetwas sein sollte.« Und schon war er wieder verschwunden.

Ich war etwas geschlaucht vom Flug, bestellte mir also ein Bier zum Mitnehmen und ging allein am Strand entlang. Überall krakeelten betrunkene Touristen, und die Playa war voll von Händlern und Koberern vor Restaurants, die mich durch einstudierte Sätze dazu bringen wollten, diese zu betreten.

»Lecker Schnitzel, günstiges Bier, na, junger Mann, Hunger?«, war vor nahezu jedem Lokal in abgeänderter Form zu hören. Die Werber waren ausschließlich Deutsche in meinem Alter. Ich bestellte hier und da ein Bier und ging weiter, beinahe die gesamte Playa entlang.

Es kam mir nichts mehr bekannt vor. Zu meiner Abifahrt war ich das letzte Mal hier gewesen, doch damals hatte ich mich eher im Hotel aufgehalten, weil mir die Schlagerpartys nicht zusagten und der Ballermann ganz offensichtlich nicht mehr zu bieten hatte als das.

Ich fragte mich, ob mein Job wohl auch darin bestehen sollte, Leute für Restaurants anzuwerben. Doch weit gefehlt …

Als ich am nächsten Morgen vom Wecker geweckt wurde, ging in an der Playa entlang bis zum Ballermann 4 und erkannte Aaron im Außenbereich einer Bar wieder. Er saß dort mit einem halben Dutzend anderer junger Leute, und ich stieß dazu.

»Samuel kommt gleich, hol dir ruhig 'nen Eistee oder 'nen Kaffee. Sag einfach, dass du zu mir gehörst, dann bekommst du alles für einen Euro.«

Ich tat, wie er sagte, bestellte mir an der Bar einen Kaffee für einen Euro und setzte mich zu Aaron an den Tisch. Er tippte auf einem Tablet herum und rauchte nebenbei.

»Das mit den Wohnungen ist noch nicht ganz *safe*, du wirst vermutlich noch eine Nacht im Hotel bleiben müssen«, sagte er mit Zigarette im Mund.

War mir recht egal, ich hatte bis auf das Taxi und die Biere am Vorabend noch keinerlei Ausgaben gehabt.

»Du kannst aber trotzdem schon mal bezahlen«, warf er hinterher. Bei unserem Telefonat hatte er mir schon erklärt, dass die Wohnungen für die Angestellten zehn Euro am Tag kosteten, die im Voraus zu zahlen waren, man das Geld aber schnell wieder drinhabe.

Ich legte ihm hundert Euro auf den Tisch, und er notierte in seinem Tablet meine Zahlung.

»Okay, Samuel kommt heute wohl nicht zum Meeting, aber ihr wisst ja, wie es läuft. Freitag und Samstag sind noch genug Plätze frei, geht raus und macht euch die Taschen voll«, sagte er in die Runde, die mittlerweile auf gut fünfzehn Leute angewachsen war.

»Ach so, Mose, komm mal bitte her. Der Rest kann dann los.«

Kaum hatte er seine Worte gesprochen, machten sich alle auf den Weg in Richtung Playa. Nur ein dunkelhäutiger, durchtrainierter Typ in kurzer Hose kam zu uns an den Tisch.

»Wir haben hier einen Neuen, nimm ihn mal mit und zeig ihm, wie es läuft«, sagte er zu Mose, der mich danach aufforderte, ihm zu folgen.

»Guck mir einfach zu, wie ich das mache und lächle nebenbei«, sagte er.

Ich war verwirrt, lief ihm jedoch hinterher, und wir betraten die Playa direkt vor der Bar, an der wir eben das sogenannte Meeting abgehalten hatten. Schnurstracks ging Mose auf drei an der Playa liegende Mädels zu, kniete sich hin und grüßte.

»Na, alles klar bei euch? Bisschen verkatert von gestern?«

Die Mädels lagen nebeneinander. Strohhüte bedeckten ihre Gesichter. Eine der drei blinzelte kurz unter dem Strohhut hervor, um sich danach wieder abzuwenden.

»Wie lange seid ihr denn noch hier?«, fragte Mose übertrieben freundlich.

»Verpiss dich«, murmelte ein anderes Mädchen unter dem Hut hervor.

»Alles klar«, sagte Mose, stand wieder auf und lief zu zwei Touristen, die etwa zehn Meter weiter unter einem Schirm saßen. Ich trottete etwas verwirrt hinter ihm her.

»Na, alles klar bei euch?«, fragte er die beiden.

»Ja, heute Nacht gelandet und jetzt erst mal bisschen chillen«, sagte einer der beiden Jungs. Ich entdeckte einen Eimer mit Bierflaschen und Eiswürfeln unter dem Schirm. Es war halb zehn Uhr morgens.

»Jungs, habt ihr nicht Bock, am Freitag auf 'ne geile Party zu gehen?«, fragte Mose.

»Ja, mal gucken. Was kannst du denn anbieten?«, fragte der andere Typ.

»Wart ihr denn schon mal hier? Kennt ihr euch aus?«, wollte Mose wissen.

»Sind jedes Jahr hier«, antwortete wieder der andere.

»Passt auf, ich würde euch gerne einladen, am Freitag nach Palma rüberzufahren, um da in 'nem ziemlich geilen Club zu feiern«, sagte Mose und zog aus seiner Bauchtasche ein paar abgewetzte Fotos, mit denen eine ganze Fuhre Sand kam.

Einer der Jungs nahm die Fotos an sich und schaute sie kurz durch, ehe er sie an Mose zurückgab mit den Worten: »Sieht ganz geil aus, aber ich glaub, wir bleiben lieber hier.«

»Ach Leute, mal so ein bisschen Abwechslung? Mal nicht nur in Flipflops zu Schlagerpartys gehen, sondern sich auch mal feste Schuhe und ein Hemd anziehen, um dann in 'nem richtig geilen Club zu feiern? Wäre das nichts für euch?«

»Nee, danke, Mann, aber viel Erfolg noch.«

»Na gut, dann euch 'nen schönen Tag«, sagte Mose höflich und stand auf. Während er schon fest entschlossen auf eine weitere Gruppe Touristen zuging, hielt ich ihn auf.

»Sag mal, was genau machen wir hier eigentlich?«, wollte ich von ihm wissen.

»Du bist echt neu, oder?«, fragte er.

»Ich hab keine Ahnung, was hier gerade abgeht«, versicherte ich ihm.

»Hör zu, du musst einfach an meiner Seite bleiben und immer schön lächeln, der Rest ergibt sich dann von selbst«, sagte er, während er bereits schnellen Schrittes zu der zuvor anvisierten Gruppe Touristen unterwegs war, die uns nach einem »Na Leute, alles klar bei euch?« nur mit einem genervten »Eure Kollegen waren schon hier, kein Interesse« abwimmelten.

Eine gute Stunde klapperten wir an der Playa Touristengruppen ab, von denen die meisten nicht mal mit uns sprechen wollten. Einige beleidigten uns, andere boten uns Bier an, das Mose immer für uns beide ablehnte.

»Und, wie läuft's?«, fragte eine junge Frau, als wir von einer Gruppe kamen, die nach eigener Aussage ihren letzten Tag am Ballermann hatte und demnach wohl nicht auf die Partys am Wochenende scharf war.

»Joa, viele Abreisen, ne. Schwierig heute«, sagte Mose.

»Hab grad 'ne Vierergruppe geschrieben, gehe jetzt erst mal was essen«, erwiderte das Mädchen stolz.

»Wir machen auch mal weiter jetzt.« Mose verabschiedete sich und ging auf zwei Mädels zu, die unter einem Schirm saßen. Ich nickte der Kollegin zu und folgte ihm.

»Na, alles gut bei euch?«, fragte er die beiden.

Eine der beiden musterte ihn von oben bis unten und grinste ihn an. »Und selbst?«, fragte sie zurück.

Mose setzte sich auf die Liege der Blondine, die ihn angelächelt hatte, und begann seinen Text: »Wie lange bleibt ihr denn noch?«

»Bis Sonntag, warum?«

»Ich würde euch gerne zu einer Party am Freitag einladen. Ich glaube, ihr würdet da gut reinpassen.« Das klang fast, als sei es irgendwie exklusiv. Die beiden Mädels richteten sich auf.

»Worum geht's denn?«, wollte die andere, eine ernst blickende Brünette, wissen. Er kramte die Fotos aus seiner Bauchtasche hervor, und die beiden musterten die abgenutzten

Bilder, auf denen beleuchtete Theken und Laserstrahlen auf einer Tanzfläche zu sehen waren.

»Ist drüben in Palma. Ein sehr schöner Club, wir fahren euch hin und wieder zurück«, sagte Mose, wendete sich dabei aber direkt zu der einen Blondine, die ihn vorher gemustert hatte.

»Wirst du denn auch da sein?«

»Klar«, antwortete er selbstverständlich.

»Der ganze Spaß kostet euch dreißig Euro, von denen ihr mir jetzt zehn als Anzahlung gebt. Dann bekommt ihr ein vorläufiges Ticket, dass ihr heute Abend bis zwanzig Uhr an unserem Stand vor dem Ballermann 4 vorzeigt. Da zahlt ihr den Restbetrag, und wir schreiben euch auf die Gästeliste«, erklärte er.

»Ich dachte, du lädst uns ein?«, sagte das andere Mädchen etwas verwirrt.

Er grinste sie nur an und brachte keinen Ton heraus.

Ich unterbrach die Stille. »Ihr müsst wissen, normalerweise zahlt ihr fünfzig Euro Eintritt in den Club. Ist so ein bisschen Ibiza-Style, also müsst ihr euch das überlegen. Für dreißig Euro mal was anderes als immer nur Ballermann und Schlager mit den ganzen Assis hier.«

Alle drei sahen mich an.

Ich fuhr fort: »Außerdem gibt es da Markenalkohol, im Gegensatz zu den Billigsachen hier. Und euch werden da auch keine Typen in Flipflops begegnen, die euch blöd von der Seite anmachen, sondern schick angezogene Männer, die mal etwas edler feiern wollen.«

»Boah, diese Assi-Typen hier sind so stressig«, erzählte die Brünette und legte sich wieder hin.

»Also, wollen wir das machen? Klingt doch nach einem guten Angebot«, fragte die Blondine in Richtung ihrer Freundin.

»Ja, wenn du Bock hast. Von mir aus«, antwortete die Brünette.

»Super«, sagte Mose und kramte zwei Tickets aus seiner Bauchtasche hervor, auf die er Datum, Uhrzeit und seinen Namen schrieb.

»Dann bekomme ich jetzt zwanzig Euro von euch beiden, und wir sehen uns am Freitag.«

Die Blondine holte eine kleine Tasche unter ihrer Liege hervor, aus der sie einen Schein nahm, den sie Mose in die Hand drückte. Mit einem funkelnden »Ich freu mich schon« nahm sie die Tickets in Empfang.

Wir verabschiedeten uns und gingen zur Steinmauer, die den Strand von der Playa trennte.

»Setz dich«, sagte Mose.

Ich tat, wie mir befohlen, und fragte ihn, ob wir wirklich mit zu den Partys gehen können.

»Nur, wenn wir gut schreiben. Wird sich morgen zeigen. Pass auf, ich gebe dir ein paar von meinen Tickets und einen Stift, dann kannst du allein losziehen. Weißt ja jetzt, wie es läuft«, sagte er, riss mir zehn Tickets von seinem Block ab und drückte mir zusätzlich fünf Euro in die Hand. »Dann bis später.« Er sprang auf, und wir gingen getrennte Wege.

Als am nächsten Tag der Wecker klingelte, war ich zerstört. Ich hatte mich am Nachmittag auf das Angebot einer Gruppe Touristen eingelassen, mit ihnen zusammen Eimer zu trinken, und nun drohte mein Kopf zu explodieren und die Wände in der gleichen Farbe zu sprenkeln, die der Sangria von gestern hatte. Zudem hatte ich Schmerzen vom vielen Laufen im Sand und einen ordentlichen Sonnenbrand. Ich kämpfte mich unter die Dusche, und das Wasser verursachte einen höllischen Schmerz auf meinen Schultern. Als ich vor die Tür des Hotels trat, knallte mir die Morgensonne ins Gesicht, und ich drohte zu kollabieren. Ich ging zurück in die Lobby, kaufte mir eine Flasche Wasser und setzte mich. Dort verbrachte ich zunächst gute zehn Minuten, um wieder klarzukommen, ehe ich mich auf den Weg zum Meeting machte.

Als ich eintraf, saß eine größere Gruppe als gestern im Außenbereich der Bar, und ein volltätowierter, recht kleiner Mann hielt eine Ansprache vor der gesamten Gruppe. Er war in Rage und fuchtelte mit den Händen. Außerhalb seines Blickfelds saß Aaron mit seinem Tablet an einem Tisch und trank einen Kaffee. Ich entschied mich dafür, zu ihm zu schleichen und nicht aufzufallen, was mir gelang.

»Ah, grüß dich«, sagte Aaron. »Du siehst ja fertig aus.«

»Gestern bisschen was getrunken«, sagte ich leicht beschämt und nahm mir eine Zigarette.

»Ich hab's dir ja gesagt.« Aaron grinste und gab mir Feuer.

Ich nahm einen Zug, und meine Lunge fühlte sich auf Anhieb an wie eine schrumpelige Rosine. Hustend legte ich die Kippe in den Aschenbecher. Was für eine Nacht.

Der stressige Typ vor der Gruppe ruderte wild mit seinen Armen umher und fragte in die Runde, wie die Zahlen gestern waren. Er zeigte nacheinander auf die im Halbkreis vor ihm sitzenden Angestellten, und die antworteten ihm nach und nach.

»Drei?«, fragte er entgeistert, nachdem ein junges

Mädchen ihm leise die Zahl genannt hatte. »Was macht ihr denn den ganzen Tag? Ihr sollt nicht Urlaub machen, ihr sollt arbeiten, Leute!« Er fuhr die ganze Gruppe an. »Mit drei hätte ich mich nicht mal ins Meeting getraut!«, posaunte er und drehte sich dabei zu Aaron. Als er mich bemerkte, sah er mich fragend an, da er offenbar nicht wusste, dass ich seit gestern auch Teil des Teams war.

»Zehn«, sagte ich ihm, ohne eine Miene zu verziehen.

Er drehte sich wieder um und war kurz davor, seine Ansprache von vorhin fortzuführen, als er sich mit einem Ruck wieder zu mir wandte. »Zehn?« Er ging auf mich zu.

»Ja, zehn«, antwortete ich stolz.

»Wie lang bist du denn schon hier?«, wollte er wissen.

»Seit gestern.«

»Zehn! Leute, hier!« Er ging auf mich zu. »Der Typ ist einen Tag hier und schreibt zehn!« Er war vollkommen aus dem Häuschen, gab mir die Hand und sagte laut: »So will ich das sehen, wer hat dich mitgenommen gestern?«

»Mose«, antwortete ich etwas beschämt über die Tatsache, dass mich nun jeder meiner neuen Kollegen musterte.

»Ja, der Mose, guter Mann«, sagte er und ging auf Mose zu, um ihm ebenfalls die Hand zu geben. Auf einen Schlag wurde er ruhig. »Leute, wir brauchen für Freitag nur noch fünfzig, geht heute lieber auf den Samstag, da ist noch Platz. Und bitte«, flehte er, »macht euren Job.« Die nächsten Worte sagte er bestimmend und mit langen Pausen dazwischen. »Das. Geld. Liegt. Auf. Der. Straße.« Er faltete seine Hände und flehte nun noch deutlicher in die Richtung der Gruppe: »Es ist nicht so schwer, was ich von euch verlange. Und jetzt ab mit euch.«

Die Gruppe stand auf und machte sich auf den Weg zur Playa.

»Aaron, was machen die Wohnungen?«, wollte er wissen.

Aaron blickte auf sein Tablet. »Hoffentlich heute. Du weißt ja, mañana, mañana«, witzelte er, und der tätowierte Typ schüttelte lächelnd den Kopf.

»Spanier«, sagte er, offenbar etwas fertig von seiner eben gehaltenen Ansprache, und fügte in nicht ganz ernst gemeintem Ton hinzu: »Mach denen Druck.«

Aaron pustete etwas Luft durch seine Nase und kümmerte sich wieder um sein Tablet.

Nun widmete sich der Typ mir. Er war recht klein, und seine trainierten Muskeln waren komplett mit Tattoos bedeckt, die man aber aufgrund seiner dunklen Haut nicht richtig entziffern konnte. »Und du, weiter so. Heute will ich die zwanzig sehen«, sagte er mit ernster Miene und zeigte mit ausgestrecktem Zeigefinger auf mich. »Ich bin Samuel, wie heißt du eigentlich?«, fragte er, wandte sich aber direkt von mir ab und ließ mich meine Antwort ins Leere sprechen.

»Ich melde mich, sobald die Wohnungen da sind«, rief ihm Aaron hinterher und machte seine Tasche auf, aus der er einen Ticketblock kramte. Er stutzte. »Ich gebe dir besser zwei.«

Ich beschloss, nicht direkt wieder an die Playa zu gehen, sondern zunächst in einem kleinen Café neben meinem Hotel zu frühstücken. Ich war ohnehin noch nicht in der körperlichen Verfassung, die Prozedur des Ticketverkaufs wiederaufzunehmen. Also setzte ich mich in das Café und rekapitulierte den letzten Abend.

Mit der Gruppe Touris, mit der ich mich betrunken hatte, war ich gut bedient gewesen: Sie waren zu viert und auf einer

Abschlussfahrt. Als sie über das vorgegebene Programm meckerten, erzählte ich ihnen von dem Club in Palma, und sie wurden hellhörig. Ich präsentierte ihnen die Tickets und erzählte, dass nur noch diese zehn zu haben seien, und sie kauften mir alle zehn ab. Für sich und ihre Klassenkameraden. Höchst zweifelhaft, dass sie am nächsten Morgen noch wissen würden, was sie da eigentlich gekauft haben, schließlich waren sie noch betrunkener als ich. Aber mir sollte es recht sein. Von den hundert Euro, die sie mir gaben, legte ich fünfzig zurück, um sie anderntags wie vorgeschrieben Aaron zu geben. Von dem verbliebenen Geld kaufte ich neuen Alkohol für die ganze Runde und hatte demnach am Morgen nichts mehr übrig. Trotzdem lohnte sich der Abend. Ich flirtete viel mit einem Mädchen aus der Gruppe, und wir wollten uns am Abend danach am Strand wiedertreffen, dann aber nur zu zweit.

In der Hoffnung, noch eine weitere betrunkene Touristengruppe davon überzeugen zu können, die Party am Samstag mitzunehmen, wurde ich enttäuscht. Ich verdiente kein Geld am zweiten Tag, betrank mich aber wieder kostenlos bei Touristengruppen am Strand, und das Date am Abend war recht erfolgreich. Samuel fehlte am Tag danach im Meeting, und ich war froh, mir keine Standpauke anhören zu müssen. Trotzdem war ich noch weit von meinem Ziel entfernt, die 800 Euro mit nach Hause zu nehmen.

In den kommenden Tagen lernte ich meine Kollegen kennen. Die meisten waren gerade mit der Schule fertig und wollten vor dem Studium etwas erleben. Andere waren schon älter und lebten nach eigener Aussage von den saisonalen

Ticketverkäufen. Viele andere Studenten gab es nicht. Da ich direkt am ersten Arbeitstag vom Chef gelobt worden war, bekam ich schnell den Ruf eines guten Verkäufers. Tatsächlich war ich bald gut darin, die Schwachstellen der potentiellen Kunden zu erkennen und zu nutzen. Ich sprach hauptsächlich Frauen an, denn die meisten hatten schlechte Erfahrungen mit den üblichen *Ballermännern* gemacht, weshalb die Masche mit der Abwechslung im Nobelclub gut ankam. Natürlich wusste ich schnell, dass der einzige Unterschied zum Ballermann darin bestand, dass die Mädels in Palma eher von Spaniern als von Deutschen belästigt wurden. Doch ich sah darüber hinweg und machte meinen Job.

Nur Arbeiten ging auf Dauer nicht. Man lief mehrere Kilometer am Tag in der prallen Sonne durch den heißen Sand und kassierte eine Abfuhr nach der anderen. Hin und wieder wurden die Touristen auch gewalttätig, oft bekam man Flipflops oder Flaschen hinterhergeworfen.

Wenn die Promoter gemeinsam etwas unternahmen, ging es nicht in die verpönten Touri-Schuppen. Wir trafen uns nachts am Strand, und meist spielte irgendjemand Gitarre. Das war sehr viel cooler, als im Megapark und Co. mit volltrunkenen Touristen zum sich immer wiederholenden Mainstreamprogramm zu feiern.

Nur unter bestimmten Umständen fuhr ich mit in die Clubs. Ein erfahrener Kollege hatte mir gesteckt, dass man auch VIPs zu den Partys anmelden durfte. Wenn sich im Verkaufsgespräch ergab, dass es sich um gut betuchte Touristen handelte, konnte man ihnen Exklusivplätze anbieten. Diese kosteten pro Person 180 Euro und beinhalteten eine Flasche Wodka inklusive VIP-Tisch im Club. Wenn man also Personen traf, die erzählten, dass sie ein Ferienhaus auf Mallorca besaßen oder dass sie BWL studierten und nur für eine Stippvisite vom teuren Ibiza mit Papas Yacht übergesetzt waren, konnte man sie mit dem Angebot locken. Das Beste daran war: Man durfte die VIPs nicht nur in den Club begleiten, sondern bekam auch noch zehn Prozent Provision vom Umsatz der gelockten Personen. So waren durchaus mal 100 bis 150 Euro am Abend drin. Bei jedem Bier, das man also auf die Rechnung der VIPs trank, verdiente man Geld. Das ist so ziemlich die geilste Art, Geld zu verdienen, die ich je kennengelernt habe. Reiche Schnösel auszunehmen, indem man sich auf ihre Kosten betrank und ganz nebenbei noch Geld verdiente. *That's the Umverteilungsspirit!* Zu Beginn hatte man jedoch sehr hohe Abgaben zu zahlen, denn auch die Türsteher und das Personal im Club bekamen einen Anteil. Jeder wollte ein Stück vom Kuchen abhaben, obwohl es nirgends vertraglich geregelt war. Für meinen deutschen, bürokratischen Kopf war das zunächst schwierig, doch man lernt, damit umzugehen. Von meiner ersten VIP-Truppe behielt ich ganze zehn Euro. Auf Nachfrage bekam ich nur zu hören, ich bräuchte mir nicht einbilden, meinen vollen Anteil zu bekommen, solange ich noch ein Neuling in meiner ersten Saison war. Die Abgaben wurden jedoch weniger mit jedem neuen Besuch, der die überteuerten Flaschen und Plätze im Nobelclub kaufte. Wenn einen die Leute kannten, hatte man schlichtweg einen höheren Lohn, und irgendwann gab es tatsächlich die entsprechenden Prozente in angemessener Höhe.

Die Arbeit schlauchte extrem. Es gab für uns kein freies Wochenende, die Arbeitszeiten wurden uns zwar selbst überlassen, doch es gab Anschiss vor der versammelten

Mannschaft, wenn man mal kein Ticket oder nur wenige verkauft hatte. In seltenen Fällen traf man morgens schon direkt auf nicht zurechnungsfähige Touristengruppen, die einem ein ganzes Bündel Tickets abnahmen. Einer meiner Kollegen schaffte es tatsächlich einmal, einen Kegelclub für die Party zu gewinnen. Das waren über zwanzig Tickets auf einmal. Doch das war die Ausnahme, und meistens verdiente man kein oder nur wenig Geld. Jeder musste den ausgeflippten Samuel mal über sich ergehen lassen, einige der Promoter verließen die Gruppe wegen des Drucks und wurden dann sogenannte Fest-PRs. Deren Aufgabe bestand darin, den ganzen Tag Flyer für ortsansässige Diskotheken zu verteilen. Sie hatten ein festes Einkommen und feste Arbeitszeiten, wurden aber ständig und sehr penibel überwacht. Doch ich schaffte es irgendwie durchzuhalten.

Nach einer Weile am Ballermann bekam ich eine ganz neue Sichtweise auf das Tourismusgeschäft. Obwohl ich täglich mit gefühlt hunderten Urlaubern sprach, lief das Drumherum recht routiniert. Etwa alle zehn Tage wiederholten sich die Programme der Diskotheken und Bars, es legten die gleichen DJs auf, es gab die gleichen Sonderangebote. Ich passte mich meinem Umfeld an und wurde demütig gegenüber der Szenerie, die auf den ersten Blick so paradiesisch wie nur möglich wirkte. Doch das war Fassade.

Als sogenannter Ticketero, also als Promoter, der vom Verkauf von Partytickets lebte, musste man ständig Ausschau nach der Polizei halten. Denn Strandverkäufe waren illegal. Wenn ein Polizist uns bei unserer Arbeit erwischte, stellte er eine sogenannte *multa* aus. Man kann das wohl mit Strafzettel übersetzen, und das damit verbundene Bußgeld für

Strandverkäufe war absurd hoch. Die meisten Polizisten auf Mallorca sprachen kein Englisch, geschweige denn Deutsch. »Auf keinen Fall irgendetwas unterschreiben«, hieß es immer wieder in den Meetings. »Ruft uns an und lasst uns mit den Polizisten sprechen«. Wenn so ein Fall eintrat, kam einer der Angestellten und unterschrieb stellvertretend für die erwischten Promoter den Strafzettel. Was danach aus dem Bußgeld wurde, darüber kann ich nur spekulieren. Große Reiseveranstalter wollten nichts von uns wissen. Wenn ich in den ersten Tagen versuchte, große Touristengruppen zu schreiben, und deshalb Verantwortliche von namhaften Jugendreiseveranstaltern ansprach, hieß es immer: »Wir brauchen leider Belege für unsere Ausflüge.« Die ahnten wohl, dass unsere Jobs keineswegs irgendwo angemeldet waren und sich am Rande der Legalität abspielten.

Als ich später vom Ballermann nach Cala Rajada zu einem anderen Anbieter wechselte, wurde vieles besser. Die Touristen waren entspannter, es gab nicht so viele Totalabstürze und Schlägereien, und die Strände waren sehr viel sauberer. Überhaupt ist Mallorca eine wunderschöne Insel, die sehr viel mehr zu bieten hat als El Arenal und die darin befindlichen Alkoholtouristen. Doch andernorts war das Polizeiaufgebot verhältnismäßig groß. So gab es unter den Promotern Codes für den Fall, dass Gefahr nahte. Hatte man einen Gesetzeshüter erspäht, nahm man seine Bauchtasche ab und versuchte, den Strand zu verlassen oder sich als Tourist zu tarnen. Wenn man in so einer Situation andere Promoter am Strand antraf, fragte man, ob sie mitkommen wollten, um ein Eis zu essen. Das war ein Code, der selbst in miteinander konkurrierenden Teams verschiedener Anbieter angewandt wurde, und zählte wohl zu einer Art Promoter-Ehre. Genauso wie man es unterließ, seine Handynummer an Touristen rauszugeben, die es »sich nochmal überlegen« wollten. Das machte man nicht. Entweder war man gut genug, die Kunden sofort im Verkaufsgespräch zu locken, oder man akzeptierte sein Versagen und überließ es anderen. Regelmäßig wurden wir in den Meetings dazu angehalten, vor versammelter Mannschaft Verkaufsgespräche zu üben und uns einzuprägen, wie man mit Ausreden der Touristen umzugehen hatte.

Die langsam sicher werdende Gewissheit, in einem vollständig moralbefreiten System illegal Geld zu verdienen, nagte zwar an mir. Sie hielt mich aber keineswegs davon ab, weiter mitzumachen. Schließlich hatte ich mir mein Ziel gesetzt, und die Motivation, die wir durch unsere Vorgesetzten bekamen, war riesig. Hin und wieder – wenn wir als Gruppe funktionierten – wurden wir von ihnen zu wirklich geilen Partys eingeladen. Ich erinnere mich an einen Nachmittag, den wir im Wasserpark verbrachten. Ganze Areale waren für uns gesperrt, und es gab Massen an Bier und Sangria – alles kostenlos. Wir wurden teilweise behandelt wie Promis. Im Laufe der Zeit lernte man Türsteher, DJs und Angestellte der vielen Bars und Diskotheken kennen, und *wenn* man schon in einen der Touri-Läden ging, dann wenigstens *for free* und bitte mit Zugang zu den VIP-Areas.

Je länger man dort ist, desto abgestumpfter wird man. Irgendwann war es normal, wenn wieder einmal ein Tourist total betrunken vom Balkon fiel und entweder schwer verletzt überlebte oder schlichtweg starb. Gefühlte zweimal die Woche kam das vor. Das waren besondere Vorfälle, die mich noch bewegten. Im Gegensatz zu sonst wirklich alltäglich gewordenen Dingen: Wenn ein Tourist morgens um fünf allein aus einer der Diskotheken torkelte, kam er keine hundert Meter weit, ohne von Prostituierten in ein Gebüsch verschleppt und ausgeraubt zu werden. Insbesondere nachts blieb ich den Seitenstraßen fern und hielt mich in der Nähe der gut beleuchteten Playa auf. Zusätzlich versuchte ich, immer in Begleitung unterwegs zu sein. Das Ausrauben durch die Prostituierten war jede Nacht zu beobachten, aber man greift bei so was nicht ein. Überhaupt lässt man das alles an sich vorbeiziehen und vermeidet es, etwas zu unternehmen.

Vor allem lässt man aber Dinge bleiben, wie den Hütchenspielern oder Senegalesen ins Handwerk zu pfuschen. Die Senegalesen kannten sich anscheinend alle untereinander. Das sind die, die einen mit »Helmut« oder »Lady Gaga« ansprechen und mit bunten Sonnenbrillen und Hüten umherlaufen, um diese an die Touristen mit eingeübten Wortfetzen zu verticken. Die waren echt penetrant, doch wenn man ihnen »Trabajo aquí« entgegnete, ließen sie einen sofort in Ruhe. Denn »Ich arbeite hier« reichte als Floskel aus, um sich als Teil dieses Mikrokosmos erkennen zu geben – und seine Ruhe zu haben.

Mehrmals bekam ich Massenschlägereien mit, weil sich einige Touristen mit einem der Verkäufer angelegt hatten und in Windeseile zig Senegalesen herbeiströmten, um ihrem Kumpel zur Seite zu springen. Aus einer meiner späteren Wohnungen konnte ich aus dem Fenster ein Lagerhaus der Sonnenbrillenverkäufer beobachten. Den ganzen Tag lang gingen Senegalesen hinein und kamen mit einer neuen Packung Sonnenbrillen wieder heraus. Häufig sah ich sie im Hinterhof beten. Die hielten zusammen, das merkte ich schnell. Und niemand von uns wagte es, sie zu verpfeifen.

Einmal sollte ich kurz auf die Abendkasse aufpassen, und ein Senegalese schob blitzschnell seine halb volle Sonnenbrillenverpackung unter den Aufsteller, auf dem die Kasse stand. Die Polizei fuhr mit Blaulicht vor, filzte den Verkäufer, und die Beamten sahen sich mit Taschenlampen um. Mir rutschte das Herz in die Hose. Wenn ich ihn verpfiff und den Beamten klarmachte, dass unter meinem Aufsteller die Sonnenbrillen versteckt waren, hatte ich mit Sicherheit anschließend keine Kasse mehr, wenn nicht Schlimmeres. Wenn ich den Senegalesen nicht verriet und die Polizisten die Sonnenbrillen bei mir fanden, könnten sie mir das anlasten. Ich entschied mich für Letzteres, denn vor einer Horde wütender Senegalesen hatte ich deutlich mehr Angst als vor der Polizei. Sie fanden die Sonnenbrillen, packten sie in den Kofferraum des Wagens und fuhren kommentarlos davon. Wenige Minuten später trafen trotz meiner Solidarität ein gutes Dutzend weitere Sonnenbrillenverkäufer ein und baute sich mit etwas Entfernung im Halbkreis um mich auf. Mein Kollege, der schon etwas erfahrener war als ich, kehrte Gott sei Dank in diesem Moment zurück, packte die Geldkassette unter den Arm, und die Abendkasse war für diesen Abend geschlossen, da wir uns in eine Bar verzogen und die ganze Situation aussaßen. In die Lokalitäten kamen die Senegalesen nämlich nie.

Perfider als die Senegalesen waren die Hütchenspieler. Manchmal konnte man aus sicherer Entfernung beobachten, wie ihre Masche funktionierte. Sie standen im Halbkreis um das Spielfeld und gewannen vermeintlich Geld bei dem Spielemacher. Wenn Touristen darauf aufmerksam wurden und auch einen Reibach machen wollten, wurden sie überlistet. Das funktionierte durch das Täuschen im Spiel, genauso wie durch Taschendiebstahl. Doch Touris zu warnen, wenn sie sich zum Spiel gesellten, kam nicht infrage. Denn die Hütchenspieler verstanden mal so gar keinen Spaß. Es gab die Erzählung von einem Rentner, der seine verlorenen fünfzig Euro wiederhaben wollte und einen Riesenaufstand probte, ehe man ihn unter einem Vorbehalt in eine Seitengasse lockte, ihn zusammenschlug und eins seiner Augen mit einer Zigarette verbrannte. Natürlich kann ich den Wahrheitsgehalt dieser urbanen Legende nicht bestätigen, doch ich habe mal aus sicherer Entfernung beobachtet, wie ein Tourist von einem der Fake-Zuschauer eines Hütchenspiels mit einem gezogenen Messer bedroht wurde. Mit denen legte man sich besser nicht an, zumindest machte keiner von uns Anstalten, Touristen zu warnen und die Spieler um ihren Gewinn zu bringen. Wenn die Polizei vorfuhr, packten die Spieler blitzschnell das Spielgerät ein, und alle Beteiligten gingen in unterschiedliche Richtungen. Das mussten sie in zahlreichen Stunden eingeübt haben, so schnell und professionell, wie das vonstattenging. Nachts sah ich die Spielergruppen manchmal am Strand sitzen, mit Einkaufstüten und -wagen. Wenn die Polizei gewollt hätte, sie hätte sicher etwas dagegen unternehmen können. Doch anscheinend war es nicht in deren Interesse, etwas an der Situation zu ändern.

Krass waren auch die Live-Sexshows, in denen Prostituierte im Club auf einer Bühne standen und betrunkene Touristen aus der Menge holten, um vor der grölenden Menge Sex zu haben. In den meisten Fällen bekamen die volltrunkenen Jungs keinen mehr hoch und wurden einfach durch einen anderen ausgetauscht. Das war mal interessant zu beobachten, doch ich verstand nicht wirklich die Begeisterung, die das bei manchen der Touristen auszulösen schien. Ich lernte auch mal einen jungen Mann kennen, der bei so einer Show auf die Bühne gegangen war. Es war ihm überaus peinlich, und er bereute es zutiefst. Genauso wie die drei Bayern, die sich im Vollsuff *Hello Kitty* auf den Arsch tätowieren ließen. Es ist verrückt, zu was Menschen im Partyurlaub bereit sind.

Irgendwie war es eine mal mehr, mal weniger kriminelle Solidargemeinschaft, in der man sich letztendlich duldete. Wir Ticketeros waren dabei die Harmlosesten, auch wenn es einige aus dem Team gab, die man an Touristen empfehlen konnte, wenn denen noch das nötige Zubehör für die Partys fehlte. Das wurde offiziell natürlich von niemandem geduldet und hätte zum Ausschluss aus dem Team geführt. Doch das hat nicht alle davon abgehalten, einen Nebenverdienst auszuschlagen. Für mich war das keine Option, denn ich hatte eine durchaus weite, aber klare Grenze. In meiner Jugend im suburbanen Hannover waren Drogen ähnlich verfügbar wie auf Mallorca. Es gab stadtbekannte Dealer, und ich ließ mich mal auf eine Nummer ein, die ich bitter bereute. Geldnot, Langeweile und das omnipräsente Angebot waren ausschlaggebend für meinen ersten Polizeikontakt im viel zu jungen Alter. Auch wenn es auf Mallorca ziemlich sicher und lukrativ schien, hielt mich die ständig wiederkehrende Erinnerung an meine jugendliche Dummheit davon ab, entsprechende Kontakte zu knüpfen. Zu viel stand mittlerweile auf dem Spiel, ich hätte durch einen Eintrag mein Ehrenamt verloren und meine hart erkämpfte Freiheit im Studium riskiert. Ich hatte nun sehr viel mehr zu verlieren als noch zu Jugendzeiten.

Für einige meiner Kollegen war der Job unter Palmen ein echter Gewinn, andere machten herben Verlust. Es ging um

Geld, das viele nicht nur *nicht* verdienten, sondern durch die Mietabgaben und Lebenskosten sogar aktiv verloren. Bei den meisten kam wohl die Gewissheit dazu, mit dem Job an ihre Grenzen gestoßen zu sein.

Ich persönlich kann ohne Zweifel sagen, dass das der intensivste Nebenjob meiner Studentenzeit gewesen ist. Es war eine Grenzerfahrung, die mich auf jeden Fall veränderte. Als ich nach sechs Wochen die Fußleiste in meinem Zimmer zum letzten Mal loslöste und die rund 150 angesparten Euro dahinter an mich nahm, wussten nur wenige über meine Abreise Bescheid. Es war eine Affekthandlung, ich war schlichtweg ausgebrannt und wollte nur noch weg. Neben körperlichen Beschwerden war ich regelrecht paranoid geworden. Die Geschichten von Diebstählen unter den Promotern häuften sich, und anscheinend war niemandem mehr über den Weg zu trauen.

Ich hatte mein Ziel, die 800 Euro anzusparen, zwar um Längen verfehlt, doch ich hatte andere Erkenntnisse und Erfahrungen gewonnen, die nicht durch Geld zu kaufen waren. Zum einen lernte ich in den sechs Wochen Mallorca sehr deutlich meine eigenen körperlichen und geistigen Grenzen kennen. Ich frage mich noch heute, wie das Leute schaffen, die eine ganze Saison in der Branche arbeiten. Es gab bei uns sogar Promoter, die das dritte oder vierte Jahr als Ticketero schufteten. Bis heute gilt diesen Menschen mein vollster Respekt. Ich weiß nicht, ob die Situation inzwischen eine andere ist, aber ich habe nicht vor, jemals wieder an die Playa zu fahren, um mich davon zu überzeugen. Ganz abgesehen davon würde ich mit meinen Erfahrungen als Ticketero auch nie etwas bei Promotern im Urlaub kaufen. Zu viel wird bei den Strandverkäufen geflunkert, zu teuer sind die angepriesenen Angebote.

Zum anderen ist mir ein Gespräch mit Aaron besonders in Erinnerung geblieben. Als ich Interesse an seinem Werdegang zeigte, erzählte er mir, er habe Tourismusmanagement studiert. Aber nur vier Semester lang, danach habe er das nötige Know-how gehabt, um sich an der Playa selbstständig zu machen. Denn die Basics in BWL und Steuerrecht schienen ihm zu genügen, um in Verbindung mit seinen anderen Fähigkeiten in dem Bereich zu arbeiten. Er schien auch zumindest finanziell sehr erfolgreich damit gewesen zu sein, wenn man seinen Lebensstil betrachtete. Dass ihm sein Studium Inhalte vermittelt hatte, die Aaron auch ohne einen Abschluss anwenden konnte, brachte mir eine neue Sicht auf das Studium. Mir wurde bewusst, dass ein Abschluss eigentlich nur im Lebenslauf anzeigt, dass man alle Studieninhalte bis zum Ende durchgezogen hat. Während Adam, der Koch in meinem ersten Nebenjob, während des Studiums seine eigentliche Leidenschaft entdeckt hatte, war Aaron jemand, der sich durch seine vier Semester Studium inhaltlich bereits gut genug für eine eigene Karriere in der Tourismusbranche vorbereitet hielt – und seinen Lebensweg einfach ohne Abschluss ging.

Das war nicht zu unterschätzen: *Nur* auf einen Abschluss hinzuarbeiten, heißt noch lange nicht, am Ende auch die notwendigen inhaltlichen Qualifikationen für einen späteren Beruf erlangt zu haben. Mit diesem Wissen verließ ich die Insel und machte mir in den Wochen darauf viele Gedanken über meine gewählten Kurse, die ich bisher eher am Spaßfaktor und Schwierigkeitsgrad gemessen hatte und nicht am inhaltlichen Wert für einen möglichen späteren Job.

Kapitel 5:
Erwachsen werden?

Als ich zurückkehrte, brauchte ich eine Weile, um mich wieder an das *richtige* Leben zu gewöhnen, denn ich sah vieles anders als vor meinem Arbeitsausflug. Nicht nur, dass ich noch Wochen später Sand in meinen Taschen fand. Ich hatte den letzten Rest Introvertiertheit auf der kakerlakenverseuchten Insel im Mittelmeer gelassen. Wenn man am Tag mit hunderten wildfremden Menschen sprechen muss, gewöhnt man sich an alles. Wenn einen 99 Prozent davon auch noch abweisen oder gar beleidigen, lässt man sich ganz automatisch ein dickes Fell wachsen. Ich wurde mit vielen Sachen leichter fertig als vorher. In meiner Arbeit im Weinladen glänzte ich durch hohe Umsatzzahlen während meiner Schicht. Ich hatte gelernt, offener auf Kunden zuzugehen. Als ich irgendwann alle Weinschulungen besucht hatte, schloss ich einige interne Verkaufsseminare ab. Rückblickend kann ich sagen: Mein Arbeitsurlaub auf Mallorca war die beste Verkaufsschulung, die ich je bekommen habe. Leider war das nichts für den Lebenslauf. Ganz im Gegenteil, sogar eher etwas, über das man besser nicht *en detail* mit seinem Arbeitgeber sprechen sollte.

Meine Erfahrungen in der Promotion wollte ich über die Arbeit mit Wein hinaus anwenden, weshalb ich mich nach Firmen erkundigte, die entsprechende Jobs in Deutschland vermittelten. Ich stieß auf eine Agentur im Ruhrgebiet, die mir regelmäßig per Mailverteiler Gelegenheitsjobs anbot. Anders als auf Mallorca, brauchte man dafür jedoch einen Gewerbeschein, weshalb ich mich beim Ordnungsamt meldete.

Noah hatte mir dazu schon früher geraten, doch ich hatte lange nicht den Mut gehabt, den Gang zum Amt zu wagen. Die Zeit auf Mallorca hatte mir jedoch Mut im Überfluss gegeben, weshalb ich den Schritt einfach ohne Rücksicht auf Verluste ging. Die Selbstständigkeit erlaubte es mir, meine Arbeit ganz neu zu erfinden. Denn nun schrieb ich Rechnungen für meine Tätigkeiten und konnte kleine Aufträge annehmen, die über das bloße Verkaufen von Weinen hinausgingen. Ich gab außerhalb der Öffnungszeiten Seminare über Wein, die ich selbst abrechnen konnte. Meine Vorträge über Wein besuchten zunächst Kunden, die ursprünglich Noah gefragt hatten, ob er eine Schulung außerhalb der Öffnungszeiten durchführen könne. Doch da er nicht alle Anfragen persönlich annehmen konnte, reichte er manche Aufträge nach Rücksprache an mich weiter.

Mein erstes Weinseminar war ein Junggesellinnenabschied und ganz anders, als ich es erwartet hatte. Wir trafen uns eine Stunde vor Beginn des Seminars am gewohnten Arbeitsplatz, und Noah zeigte mir die Basics. Neben einer bestimmten Menge Wasser, Brot und Pesto pro Person sollte man vom Wein besser etwas zu viel als zu wenig haben. Er rechnete mir ungefähr vor, was für ein Gewinn bei welchen Kosten anfiel, erläuterte mir kurz das Vorsteuersystem, und nachdem ich gegen die Nervosität eine halbe Flasche Crémant intus hatte, startete ich durch. Das Seminar bestand mehr daraus, die Mädels zu bespaßen und ihnen neue Weine einzuschenken, als Know-how mit ihnen zu teilen. Es war eher ein Entertainmentprogramm als eine wirkliche Schulung, wie ich sie im professionellen Umgang mit Wein gewohnt war. Doch ich hatte unfassbar viel Spaß dabei. Ehe ich mich versah, war der Abend vorbei. Ich schloss den Laden ab und freute mich über 200 Euro mehr im Portemonnaie. Für keine vier Stunden »Arbeit«.

Wenig später antwortete ich das erste Mal auf eine E-Mail der Agentur für einen Job in der Promotion.

Ankommen

Den Flug in die USA hatte ich vorher schon bezahlt. Zwar war es mir nicht vergönnt, mit einem Plus aus Malle zurückzufliegen, aber auch nicht mit einem Minus. Das Geld, das ich verdiente, gab ich gleichzeitig für meine hohen Lebenshaltungskosten auf der Insel aus. Mein Konto in Deutschland ließ ich unberührt, und da trudelte ja jeden Monat sowohl BAföG als auch Kindergeld ein. Weil ich es geschafft hatte, meine Vorräte während der Zeit auf Malle nicht anzurühren, konnte ich den Flug in die Staaten ohne größere Einbußen zahlen. Meine Mitbewohner hatten das Geld ebenfalls auftreiben können, weshalb wir den Urlaub gemeinsam antraten.

Wir verbrachten Weihnachten in San Francisco und Silvester in Los Angeles. Ich habe den Grand Canyon gesehen, in Vegas verbotenerweise ein paar Dollar verzockt und in Hollywood auf Donald Trumps Stern gespuckt. Nein, das Letzte natürlich nicht, damals kannte ich ihn noch nicht. Es war der geilste Urlaub aller Zeiten. Ich erinnere mich noch sehr gut, dass wir irgendwo im Nirgendwo aus dem Auto gesprungen sind und uns an einer Orangenplantage Obst geklaut haben, welches wir danach im gemieteten Van teilten. Oder was ich am 21. Dezember 2012 gegen 22 Uhr getan habe: Ich lag in einem Jacuzzi im 36. Stock des Hilton Hotels in Las Vegas und blickte Bier trinkend durch die Glaswand unseres Apartments auf den Strip. Ich weiß das noch so genau, weil der Mayakalender den Weltuntergang an diesem Tag prophezeite und ich mir nur dachte, dass die Apokalypse jetzt gerade absolut okay wäre, während ich einen Schluck aus meinem Bier nahm und mit den Füßen den Schaum aus dem Panorama der Stadt schob.

Das Beste an meiner Reise in die USA waren jedoch die Eindrücke einer ganz anderen Kultur, als ich sie aus Deutschland kannte. Schon am Flughafen in Atlanta, an dem wir auf unseren Weiterflug nach Los Angeles warten mussten, bekam ich einen Kulturschock. Da waren Soldaten, die vermutlich über Weihnachten aus dem Ausland zurückkehrten, und überall, wo man sie sah, liefen Menschen auf sie zu, um Fotos zu machen oder ihnen die Hand zu geben. Manche Kinder umarmten die fremden Leute in Uniform. Wenn man hierzulande einen Soldaten in Uniform sah, fragte man sich höchstens schmunzelnd, warum er die Dienstkleidung nicht in der Kaserne lassen und wie ein normaler Mensch in der zivilen Öffentlichkeit rumlaufen konnte. Doch in den USA war das ein ganz anderes Bild, und es war sowohl faszinierend als auch unangenehm zu betrachten, wie viel Bewunderung den Kriegsheimkehrern hier in der Öffentlichkeit entgegengebracht wurde.

Mit einem Amerikaner, den ich auf der Reise kennengelernt habe, stehe ich bis heute noch in Kontakt. Über die sozialen Netzwerke tauschen wir uns regelmäßig über Politik und Gesellschaft aus, reden über Edward Snowden, Donald Trump und Kriege. Es ist spannend, seine Sicht der Dinge zu lesen, und auch, wenn ich manchmal mit dem Kopf schütteln muss – insbesondere, wenn er beginnt, mit seinem Glauben und seinem Nationalstolz zu argumentieren –, ist die Bekanntschaft mit ihm eines der wertvollsten Dinge, die ich nach dem Urlaub mit nach Deutschland nahm.

In den USA zu leben schloss ich nach dem Urlaub aber kategorisch aus. Ich habe mich zwar wirklich in die Stadt Los Angeles verliebt, jeder sollte mal das Panorama am Venice Beach gesehen haben mit den Freiluft-Fitnessstudios, den Skateparks und den Green Doctors, die alle paar hundert Meter in kleinen Praxen Cannabis-Rezepte verschreiben. Aber der Lifestyle der Amis ist dann doch etwas zu schwierig mit dem meinen zu vereinbaren. Ganz davon abgesehen gibt es im ganzen Land kein vernünftiges Brot. Und keinen Döner.

Mit der Selbstständigkeit veränderte sich vieles an meinem Alltag. Ich war recht frei in der Bestimmung meiner Arbeitszeiten, musste diese nur mit potenziellen Kunden absprechen. Ich verglich meine neue Arbeitsweise gerne mit dem Studium. Denn wie an der Uni blieb es mir selbst überlassen, wie viel

Energie ich tatsächlich in meine Selbstständigkeit hineinstecken wollte. Feste Arbeitszeiten gab es nicht mehr. Ich war Honorarkraft und musste selbst entscheiden, wie viele Aufträge ich zu welchen Konditionen annahm. Das Studium geriet etwas in den Hintergrund angesichts der neuen Themen, in die ich mich hineinarbeiten musste. Wie gestaltet man seine Marge? Was muss man an Steuern bezahlen und vor allem *wann*? Im Gegensatz zur Uni ist das Finanzamt nämlich nicht so leicht von einem Aufschub der Deadlines zu überzeugen.

Wenn ich mich mit Freunden verabredete, besorgte ich einige Flaschen Wein und führte im Freundeskreis kleinere Weinschulungen durch, statt gemeinsam mit ihnen zu lernen.

Bei meinem ersten Promotion-Job in Deutschland verteilte ich Salamiproben in Supermärkten. Alles andere als anspruchsvoll, doch es wurde recht gut bezahlt, und die Agentur, für die ich die Arbeit übernahm, hatte mich anschließend auf ihrer Liste. In der Branche lief vieles über Mundpropaganda. Später arbeitete ich in deren Auftrag für eine bekannte Biermarke, dann für einen Wodkavertrieb, und als sie meine Leistung endgültig für gut befunden hatten, durfte ich deutschlandweit eine Promo-Tour für einen bekannten Computerzubehörhersteller leiten. Ich fuhr quer durch die Republik, um an jedem Standort andere ausgewählte Frauen und Männer in meinem Team zu führen. Ich schlief zu der Zeit viel in Hotels, hatte aber genug Zeit, mir auch die jeweiligen Städte anzusehen. Mit meinen Teams lief ich über Festivals und Partys, um neue Produkte vorzustellen. Meist machten wir dabei selbst Party und flirteten auch eine ganze Menge. Ich wies die Promoter immer mit den Maximen an, mit denen ich auf Mallorca konfrontiert war: Ihr seid für euch selbst verantwortlich. Wenn ihr Party machen wollt, dann macht halt Party – Hauptsache, ihr erfüllt eure Aufgaben zufriedenstellend, sonst gibt es Ärger. Das funktionierte immer und sorgte für gute Leistungen und eine entspannte Arbeitsatmosphäre. In den Verträgen der Agentur stand zwar immer, dass absolutes Alkoholverbot auf Veranstaltungen galt. Aber ich glaube, das war eher eine Klausel für die Versicherungen. Denn wenn man introvertierte Menschen in einem Job hatte, in dem das Maß an Extrovertiertheit über Erfolg und Misserfolg bestimmte, half es der Produktivität des Teams, zu Beginn der Schicht ein paar Longdrinks zu ordern.

Auch im Weinladen, in dem ich nach wie vor von Zeit zu Zeit stand, war ich längst über die bloße Aushilfe im Einzelhandel hinweg, hatte bereits zwei neue Angestellte durch meine Empfehlung in den Laden gebracht und lernte die beiden nahezu allein an.

Das dritte und vierte Semester waren verdammt erfolgreich für mich. Also, arbeitstechnisch. Mir wurde das BAföG gekürzt, aber nicht, weil meine Eltern eine Gehaltserhöhung bekamen, sondern weil ich selbst zu viel verdiente. Trotzdem lebte ich von der Hand in den Mund und immer ein bisschen über meine Verhältnisse. Ich war Hedonist durch und durch, ließ mich von der Sonne wecken, arbeitete, wann immer das Geld knapp wurde, und feierte mich durch meinen Alltag. Ich war zwanzig Jahre alt, auf dem Papier zwar Student der Soziologie, verbrachte jedoch längst weniger Zeit in der Uni als viele meiner Kommilitonen.

Wirten, die ich von meinen vielen Kneipenbesuchen kannte, bot ich Weinschulungen für ihre Mitarbeiter an. Ich konnte durch mein Gewerbe Fachmessen besuchen und wurde dort häufig für einen Praktikanten oder jungen Journalisten gehalten. Denn im Weinbusiness tummeln sich verhältnismäßig wenige Anfang Zwanzigjährige. Ich vermittelte hin und wieder alten Arbeitgebern und Bekannten die Portfolios der Winzer, die ich auf Messen kennenlernte. Die meiste Zeit verbrachte ich jedoch damit, mich mit Gratischampagner volllaufen zu lassen. Manchmal lud ich zu Messen auch Freunde ein und meldete diese als Geschäftspartner an, obwohl sie Wein höchstens auf Familienfeiern tranken, um den Anschein zu wahren. Aber bei Gratisalkohol hat noch nie jemand abgelehnt.

Meine Zeit bis zum fünften Semester lebte und arbeitete ich so in die Tage hinein. Ich feierte mein Studentenleben täglich, oft war ich mit Freunden oder Freundinnen aus, am häufigsten machte ich aber Unfug mit meiner WG.

Hallo, Leben

Eines Nachts kamen wir von einer fremden WG-Party zurück und am Freibad vorbei. Natürlich hatten wir die glorreiche Idee, noch eine Runde schwimmen zu gehen, bevor wir uns nach Hause aufmachten, um einen After-Party-Snack zu kochen. (»Ei im Nest« war unsere Art, einen gelungenen Abend ausklingen zu lassen. Dafür machten wir mit einem Schnapsglas ein Loch in die Mitte eines Toasts, brieten den Toast von beiden Seiten an und schlugen ein Ei in die Mitte des Lochs. So einfach wie genial, und auch noch mit zwei Promille schaffbar.)

Wir kletterten also über den Zaun, schwammen eine Runde und setzten uns mit einem Bier auf den Zehnmeterturm, von dem wir in die Nacht blickten. Gar nicht so leicht, volltrunken und mit einem Bier in der Hand auf einen Sprungturm zu klettern. Als uns der Sicherheitsdienst erwischte, ermahnte er uns und gab uns zu verstehen, dass wir unsere Sachen packen sollten, um das Freibad zu verlassen. Als wir am Ausgang ankamen, den uns der Sicherheitstyp aufschließen wollte, standen jedoch schon zwei Polizeibeamte vor der Tür, um uns abzufangen. Während wir nach unseren Ausweisen kramten, versicherte uns der Nachtwächter, dass er nicht die Polizei gerufen habe.

»Das brauchten Sie auch gar nicht, wir haben den Trupp bis zum Revier gehört«, entgegnete einer der Polizisten. Wir fingen an zu lachen. Es war eine skurrile Situation. Mein Mitbewohner plädierte vor den Polizisten darauf, schuldunfähig zu sein, woraufhin der Beamte vorschlug, einen Krankenwagen zu rufen. Das wollte Lukas dann aber doch irgendwie nicht.

Die Strafe von sechzig Euro und das Hausverbot nahmen wir wie Gentlemen hin. Pua versuchte zwar, nur sechs Euro zu überweisen, in der Hoffnung, man würde die fehlende Null einfach übersehen. Was folgte, war ein Schreiben mit der Aufforderung, die restlichen 54 Euro zu zahlen – inklusive einer Gebühr, die den ursprünglichen Preis für den nächtlichen Ausritt noch mal ordentlich erhöhte. In der WG-Küche hängt der Mahnbescheid des Schwimmbads bis heute wie ein Orden an der Wand.

Ein anderes Mal gab sich einer von uns als neue Thekenkraft in einer Diskothek aus, mit dem Ziel, Gratisalkohol an uns auszuschenken. Auch diese Idee erwies sich als eher suboptimal in ihrer Ausführung. Weil wir jedoch in der Menge untertauchen konnten, blieben wir von einer Strafe verschont.

Anders als in der Partynacht, in der ich mein Handy nicht mehr wiederfand. Ich verdächtigte zwei grimmig schauende Südländer in der Schlange vor McDonald's, es mir aus der Tasche gezogen zu haben. Natürlich erzählte ich das einer Polizistin, die vor der Filiale stand. Als sie die beiden Typen etwas umständlich abtastete, wies ich sie höflich darauf hin, dass sie die beiden auch einfach mal nach einem Date fragen könne. Was soll ich sagen. So eine Ausnüchterungszelle ist super unbequem, kann ich echt keinem empfehlen. Übrigens lag das Handy die ganze Nacht auf meinem Schreibtisch zu Hause. Wie ich darauf gekommen war, dass es mir geklaut wurde? Nun, die Wege des Alkohols sind unergründlich.

Ich erinnere mich auch noch gut an eine total aus dem Ruder gelaufene WG-Party, die zu einem Großeinsatz der Feuerwehr führte. Die Gäste mussten, um zur Feuertreppe zu kommen, alle durch das Dachgeschossfenster im Zimmer meines Mitbewohners, der sich gerade mit einer Partybekanntschaft in seinem Bett vergnügte. Zig Leute liefen an den beiden vorbei, die mit einer Decke mühsam versuchten, ihre Blöße zu bedecken. Niemand kam zu Schaden, lediglich das Treppenhaus musste renoviert werden. Das Beste war, dass es eine Superhelden-Mottoparty war. Während die Feuerwehr also das Lodern im Keller in den Griff bekam, schauten etwa hundert als Superhelden verkleidete Partygäste vom Innenhof dabei zu. Ein Bild für die Götter. Mit der Story schafften wir es sogar in die Lokalpresse. Unsere WG-Partys blieben so legendär, wie sie es schon vor meinem Einzug waren.

Auf einer unserer drei WG-Toiletten hing lange Zeit ein Bild von Nicolas Cage, der einen anstarrte, wenn man auf der Toilette saß. Jemima nahm es ab, da sie sich gruselte. Lukas nahm das wiederum zum Anlass, ein freundlicheres Bild von Nicolas Cage zu drucken, um es an der Toilettentür zu befestigen. Er fertigte einige Exemplare an, und wir stimmten ab, welcher Cage uns zukünftig beim Klogang betrachten sollte.

Als ich Tage später nach einem Kneipenbesuch mit Lukas in der Küche saß, fielen uns die restlichen Bilder in die Hände. Wir wollten diese natürlich nicht wegschmeißen und entschieden uns dafür, überall in der WG heimlich Nicolas-Cage-Bilder zu verstecken. In der Mikrowelle, im Sicherungskasten, unter dem Küchentisch ... Es wurde eine kleine Challenge zwischen uns beiden, die Nicolas-Cage-Bilder des anderen in der WG zu finden, und wir schlossen eine Wette ab, wer bis zum Jahresende mehr Bilder verstecken könnte.

Da ich einen Urlaub in Portugal geplant hatte, erbat ich bei Lukas eine Pause für die Wette. Denn wenn ich zehn Tage in Südeuropa war, hatte er ja einen ungemeinen Vorteil mir gegenüber. Er willigte ein.

Als ich aus dem Urlaub zurückkehrte und mein Zimmer betrat, fiel ich staunend auf die Knie: Per Fundraising im Freundeskreis hatte Lukas eintausend (!) Nicolas-Cage-Bilder drucken lassen und mithilfe meiner übrigen Mitbewohner alles – also wirklich mein gesamtes Zimmer – von oben bis unten damit plakatiert. Wie sich herausstellte, hatten meine Mitbewohner dafür in Teamarbeit knapp einhundert Meter Tesafilm und zwei Kästen Bier gebraucht. Stundenlang mussten sie gewerkelt haben, denn selbst die Decke war lückenlos mit dem irren Blick von Nicolas Cage bedeckt.

Und nicht nur das: Es gab überall kleine Verstecke, in denen sie Cage untergebracht hatten. Die grinsenden Gesichter unter meinem Schreibtisch und hinter meinem Computermonitor waren noch leicht zu finden, doch erst Tage später fiel mir auf, dass selbst einige Buchrücken in meinem Regal mit kleinen Cages beklebt waren. Erst neulich – also Jahre später – fiel mir meine Fernbedienung runter, und die Batterien sprangen heraus. Hinter den Batterien im Batteriefach lächelte mich ein irre dreinblickender Nicolas Cage an.

Studienberatung: Finanzierung des Studiums

Sprechen wir mal ganz konkret über Geld. Das häufigste Argument für das gewissenhafte Lernen und die Einhaltung der Studienzeit ist, dass man sich sein Studium andernfalls nicht mehr leisten könne. Denn wenn man BAföG bekommt, ist dieses in aller Regel auf die Regelstudienzeit begrenzt, und auch wenn die Eltern einen unterstützen, möchte man sich ja nicht ewig darauf ausruhen.

Ich behaupte, man kann sich sein Studium selbst finanzieren. Dabei gilt es wie so oft, die Kosten niedrig zu halten und die Einnahmen zu erhöhen.

Wer in einer WG lebt, selbst kocht und auf ein Auto verzichtet, spart ungemein viele Ausgaben. Wenn man dazu noch in einem Nebenjob unterkommt, in dem man Aufstiegschancen hat, erhöht man sein Einkommen. Die richtige Kombination aus Sparen und Verdienen garantiert ein eigenständiges Studium, das man dann so lange hinauszögern kann, bis man den niedrigen Lebensstandard satthat und endlich ins poststudentische Leben einsteigen will.

Und wenn man sein Studentenleben richtig aufzieht, kann das dauern. Denn die fantastische Freiheit, sich auszuprobieren, Kontakte zu knüpfen und sein Leben massiv zu entschleunigen, bleibt Karrieristen allzu oft verwehrt.

Doch so schön das Leben des Bummelstudenten ist, so kommt früher oder später der Zeitpunkt, an dem man sich bewusst wird, dass es kein Dauerzustand ist. Es gibt nämlich auch Hürden des Gesetzgebers. Mit 25 Jahren muss man seinen ohnehin schon niedrigen studentischen Lebensstandard noch mal um ein ganzes Stück zurückschrauben. In der Regel fällt dann nämlich das Kindergeld weg, und auch die Krankenkassen wollen, dass man sich endlich am Sozialstaat beteiligt. Doch bis dahin kann man recht entspannt im lässigen Studentenalltag versinken. Es sei denn, man lernt vorher schon eine Person kennen, die einem Alternativen aufzeigt. Vorteile des Berufslebens, die man vorher nie so richtig wahrgenommen hat. Freiheit, die durch andere Dinge erreicht wird als durch Ausschlafen und einen unstrukturierten Tagesablauf.

Vertrauen

»Hey, ich brauche einen Wein für den Geburtstag meines Vaters.« Die Kundin sprach schnell. Sie wirkte aufgeregt und nervös. »Haben Sie da was?«, fragte sie. Sie war klein, keine einssechzig groß, und ihren hastigen Blicken nach zu urteilen, war sie noch nervöser als ich.

Denn es war mein erster Arbeitstag, den ich ganz allein im Laden verbrachte. Es hatte lange gedauert, doch Noah traute mir mittlerweile zu, die Abrechnung der Kasse selbst zu managen. Das war ein riesiger Vertrauensbeweis. Außer ihm durfte das nämlich sonst nur ein Kollege machen, der schon länger im Geschäft arbeitete als Noah selbst.

»Da finden wir sicher was, ich bin gleich bei Ihnen«, antwortete ich der Kundin.

Sie hatte schulterlanges brünettes Haar und einen lässigen Klamottenstil. Normalerweise waren die Kunden im Weinfachgeschäft deutlich älter als ich, doch sie schien im gleichen Alter zu sein. Ihre Schüchternheit konnte sie nicht überspielen, auch wenn sie es angestrengt versuchte. Als ich ihr einen Wein zum Probieren öffnete – einen teuren Sauvignon Blanc aus Neuseeland – nahm sie einen Schluck aus dem Glas, entschied sich für den Wein und wollte die soeben von mir geöffnete Flasche mit zur Kasse nehmen. Ich bat sie, die Flasche stehen zu lassen und holte eine neue Flasche aus dem Lager. Sie wurde rot und versuchte wieder, es ohne Erfolg zu kaschieren. Ich ging mit einem fetten Grinsen ins Lager und holte die Flasche.

»Soll ich Ihnen die Flasche als Geschenk einpacken?«, fragte ich in alter Verkäufermanier.

»Nee, alles gut«, antwortete sie hastig. Sie wollte nur noch raus, das war ihr anzumerken. Sie entschloss sich, mit EC-Karte zu zahlen, und obwohl wir von Noah immer dazu ermahnt wurden, Kunden Kunden sein zu lassen, warf ich einen Blick auf ihren Namen, mit dem Hintergedanken, sie anschließend in den sozialen Netzwerken zu stalken. Ihre schüchterne, verpeilte Ausstrahlung zog mich an. Als sie aus dem Laden ging und mit einem Golf vom Hof fuhr, erhaschte ich einen Blick auf ihr Nummernschild. Es endete auf 1987.

Heimaturlaub

Für das nächste Wochenende war ich mit meinen Schulfreunden David und Elias verabredet. Wir drei fanden immer irgendwelche Gründe, um uns wieder in der Heimat blicken zu lassen. Denn mittlerweile arbeiteten und studierten wir alle in verschiedenen Ecken des Landes, weshalb wir uns seltener sahen. Meist waren es Anlässe wie: Es gab Arbeiten am Haus der Eltern, eine Garage musste ausgeräumt werden, oder ein großer Geburtstag im Bekanntenkreis stand an. Diesmal halfen wir Davids Mutter dabei, ein Zimmer zu renovieren.

»Die sind jetzt echt verlobt«, sagte David etwas ungläubig. Wir sprachen über eine Schulfreundin, die einige Tage zuvor über Facebook bekanntgegeben hatte, dass sich ihr Freund und sie das Jawort geben wollten.

»Da bin ich ja so weit von entfernt«, warf Elias ein. Wir

saßen zu dritt auf der Bank im Garten von Davids Mutter und machten Pause von der Arbeit.

»Vielleicht ist irgendwas im Wasser, dass die jetzt plötzlich alle meinen, die große Liebe gefunden zu haben.« Es kam mir so vor, als seien gerade überdurchschnittlich viele meiner Freunde im Begriff zu heiraten.

David war der Einzige von uns dreien, der eine Beziehung führte. Elias und ich hatten Gelegenheitsbeziehungen, suchten aber nicht aktiv nach einer festen Partnerin. David kannte seine Freundin schon mehrere Jahre, und die beiden passten nach unserer Auffassung auch super zusammen. Doch eine Hochzeit hatte er immer ausgeschlossen.

»Ich kann mich einfach nicht mit dem Gedanken anfreunden, dass sie die letzte Frau in meinem Leben ist«, sagte er immer. Wenn er betrunken war, formulierte er seine Begründung meist anders. Etwa: »Ich kann mir nicht vorstellen, für den Rest meines Lebens das gleiche Paar Brüste anzufassen.« Oder: »Es gibt so viele schöne Frauen da draußen, warum soll ausgerechnet die eine, die ich kenne, auch perfekt für mich sein?«

Wir sprachen häufig über Beziehungen, und in unserer ablehnenden Haltung gegenüber der lebenslangen Monogamie waren wir uns alle einig. Vielleicht lag das daran, dass wir alle Scheidungskinder und demnach nicht mit einem Vorbild von ewiger Partnerschaft aufgewachsen waren. Vielleicht waren wir aber auch einfach zu realistisch, um zu glauben, dass sich tatsächlich zwei Menschen ein Leben lang aneinander binden konnten. Abgesehen von David und Elias habe ich die meisten meiner engen Freunde von damals nie wiedergesehen. Auch wenn sich einige von uns nach dem Abi schworen, für immer befreundet zu sein, lebte man sich schlichtweg auseinander. Wenn sich selbst gute Freundschaften in wenigen Jahren auflösten, nur weil man umgezogen ist, wie standen dann erst die Chancen für eine lebenslange Beziehung?

Während ich also der Romantik den Kampf ansagte, heirateten sich die Schulfreunde von damals gegenseitig vom Fleck weg. Meist waren es diejenigen, die eine Ausbildung machten. Die, die zum Studieren weggegangen waren, blieben in der Regel noch länger ledig. Es war eine omnipräsente Frage in meinem studentischen Freundeskreis: Kann so ein Konzept wie die Ehe eigentlich noch funktionieren? Denn Alternativen gab es überall.

Wie bei dieser einen Bekannten, die von sich selbst behauptete, polyamourös zu sein. Das bedeutete so viel wie: mit mehreren Menschen eine Liebesbeziehung zu führen. Ich glaube aber, sie rechtfertigte damit nur ihre Affären, weil ihr Freund ein Vollidiot war und sie nicht den Mut hatte, sich von ihm zu trennen. Denn er wusste nichts von ihrer plötzlichen Erkenntnis, viele Leute gleichzeitig zu lieben.

Bei Maria, meiner Affäre vom Beginn des Studiums, war es auch *tricky*: Sie sagte zwar, dass diese ganze Daterei mit ihrem Mann abgeklärt sei, dennoch sprach sie in seiner Gegenwart wohl nie direkt von ihren Affären und traf sich immer heimlich mit mir. Es schien, als spielten sich die beiden Eheleute ständig den Ball zu, aber keiner sprach wirklich aus, dass der eine dem anderen sexuell nicht genügte. Das war zumindest mein Eindruck, denn sie sprach häufig davon, dass sie ja nicht »emotional fremdgehe«. Das klang zwar immer schlüssig, doch ich glaubte nicht daran, dass Menschen völlig emotionslosen Sex miteinander haben konnten. Bei Sexualpartnern muss doch zumindest immer ein Funke Sympathie füreinander übrig sein, aber anscheinend hatte ich da andere Vorstellungen als sie.

Als wir mal einen Kneipenabend veranstalteten, erzählte ein Kommilitone, er sei pansexuell. Obwohl diese Bezeichnung nichts mit Treue oder Monogamie zu tun hatte, fand ich sie spannend. Der Typ erklärte, er fühle sich nicht zu einem Geschlecht hingezogen, sondern treffe keine Vorauswahl, in wen er sich verliebe. Ich fragte mich, ob das überhaupt jemand tat. Schwule sagten sich doch auch nicht irgendwann, dass sie jetzt lieber schwul sind und ihre Auswahl demnach auf Männer beschränken. Sie wurden halt so geboren. Keiner trifft bewusst die Auswahl, in welches Geschlecht man sich zukünftig verliebt. Das passierte einfach.

Ich muss sagen, ich blickte bei den ganzen Bezeichnungen nicht mehr durch. Mir fehlte stellenweise aber auch einfach das Verständnis dafür, jeden Lebensentwurf labeln zu müssen. Als würden sich die Leute vor ihrer Individualität fürchten, konstruierten sie Bezeichnungen, unter denen sie sich als Gruppe kenntlich machen konnten.

»Hey, ich lebe polyamourös!«

»Cool, ich bin pansexuell!«

Und ich stehe dann regelmäßig neben solchen Leuten und denke mir nur:

»Schön. Ich liebe einfach.«

Ist vielleicht langweilig, aber irgendwie trotzdem ganz nett.

In Statistik lernte ich viel über Scheidungsraten. Neben der Tatsache, dass jede zweite Ehe geschieden wurde, beschäftigten mich besonders die Umstände, unter denen Ehen in die

Brüche gingen. Anhand von Fragebögen konnte man diese ermitteln und die Häufigkeiten errechnen. Ich machte mir einen Spaß daraus, auf Partys die *Anleitung zum Verheiratetbleiben* zu geben. Denn Ehen wurden überdurchschnittlich oft geschieden, wenn die Frau ein höheres Einkommen hatte als der Mann. Kinderlose Ehen wurden statistisch häufiger geschieden, genau wie Ehen in der Stadt eher vor dem Richter landeten als in spärlich besiedelten Gebieten. Um die Chance zu erhöhen, die Frau fürs Leben gefunden zu haben, musste man demnach lediglich mehr Geld als sie verdienen, Kinder bekommen und aufs Land ziehen. Ach so, und eine gemeinsame Religion hilft auch dabei, nicht in der Geschiedenenstatistik aufzutauchen.

Die Vorstellung von ewiger Liebe war – heruntergebrochen auf die statistische Auswertung – also nichts anderes als das pure Leben des konservativen Klischees: Patriarch und Vater sein, Haus auf dem Land bauen, christliche Werte annehmen, verheiratet bleiben. Wer Lust auf die Ehe hatte, der konnte das ja so machen. Doch war es so wichtig, sein Leben der gewünschten Beziehungsform anzupassen? Oder wäre es nicht umgekehrt besser? Sein Leben zu leben und daran festzumachen, mit was für einer Beziehungsform man am glücklichsten war?

Ganz davon abgesehen sollte jeder das Recht dazu haben, zu heiraten – und sich nach durchschnittlich 14,9 Ehejahren wieder scheiden zu lassen. Ich verstand nicht, warum konservative Politiker die Ehe für so lange Zeit zu einem exklusiven Gut für heterosexuelle Paare erklärten. Ganz abgesehen davon, dass sie ein absolutes Auslaufmodell darstellte, sollte es doch jedem möglich sein, dieses Auslaufmodell anzunehmen. Ich würde vermutlich auch mal heiraten, weil ich mich der gesellschaftlichen Forderung nach einem Ring am Finger beugen und meine Rationalität durch die rechtlichen Vorteile besänftigt werden würde, die man als Eheleute gegenüber Ledigen hatte. Doch falls ich mal Enkel haben sollte, glaubte ich fest daran, dass diese die Ehe nicht mehr so miterleben würden, wie wir sie heute noch kannten und praktizierten.

Vermutlich würde dann die ganze Welt ab der Geschlechtsreife tindern. Irgendwie auch keine so coole Zukunftsprognose.

Wahrscheinlich würde es sogar schon vor meiner Enkelgeneration so weit sein. Die Zeiten änderten sich – und zwar immer schneller. Noch vor sechzig Jahren stand meine Oma laut eigener Erzählung nach ihrem ersten Kuss vor dem Spiegel und hatte darauf gewartet, dass ihr Bauch anfing dick zu werden. Zwei Generationen später war Aufklärung im Kindesalter zur Realität geworden, und nur noch einige Ultrakonservative und »Früher-war-alles-besser«-Sager stießen noch Diskussionen an, wie weit Aufklärung in der Schule denn wirklich reichen sollte. Die Gesellschaft würde mit weiteren Tabus brechen und früher oder später würden Beziehungskonstellationen Einzug finden, die wir heute noch für unvorstellbar erachteten. Und das wäre ein Fortschritt, den man nicht würde aufhalten können. Auch wenn ihn konservative »Ehe-ist-ein-Privileg«-Schreihälse kritisierten, am Ende müssten sie einfach ertragen, dass Geschlechter wählbar waren und Partnerschaften ungeachtet des biologischen Zwecks der Reproduktion zustande kamen. Dass das Modell der Ehe durch Steuervorteile und besondere Rechte gefördert werden musste, zeigte meiner Meinung nach schon deutlich, wie altbacken es war. Alles daran schrie förmlich nach *social engineering*, nach dem Herstellen einer Gesellschaft, die nicht natürlich war.

Zudem ließ uns die Romantiklobby weiterhin daran glauben, es gäbe »den Einen oder die Eine«, doch das war natürlich grober Unfug. Vermutlich genauso wie das krasse Gegenstück, jeder könne mit jedem glücklich werden. Es musste irgendetwas dazwischen sein, doch ich tendierte tatsächlich eher zu letzterem. Denn glaubte man dem Soziologen Niklas Luhmann, dann war Liebe gar kein Gefühl, sondern ein Kommunikationsmedium. Wer bereit war, sich vom romantischen Zwang zu lösen und Liebe, Partnerschaft, Ehe als das zu betrachten, was sie tatsächlich waren, der musste nur Luhmanns *Liebe als Passion* lesen. Auch auf die Gefahr hin, dass er am Ende ähnlich wie Neo in einer Liebes-Matrix aufwachte und das alles gar nicht so recht wahrhaben wollte.

Tief in Gedanken schob ich mir ein Mettbrötchen mit Zwiebeln in den Mund, das Davids Mutter bereitgestellt hatte, und blickte auf mein Handy. Noah hatte sich gemeldet. Ich las seine WhatsApp-Nachricht: »Ruf mich bitte mal zurück, es geht um letzten Montag.«

Mir blieb ein Stück Brötchen fast im Hals stecken. Montag. Ich hatte zum ersten Mal allein gearbeitet. Hatte ich einen Fehler gemacht? Die Kasse falsch abgerechnet? Stimmten die Einnahmen nicht mit dem Inhalt des Tresors überein? Mein Herz schlug immer schneller, und ich malte mir aus, wie mir Noah mein gerade erst erstrittenes Vertrauen wieder entzog, ja, mich vielleicht sogar hinauswarf. Auch mein Chef hatte Vorgesetzte, und zwar solche, die nur auf Zahlen schauten und alles Handeln danach beurteilten. Ich hatte es bestimmt vermasselt, und jetzt war er dran.

Während ich mir Weltuntergangsfantasien ausmalte, tippte ich seinen Namen ins Smartphone und rief an.

»Du, geht nur um 'ne Kundin, die dich gerne mal kennenlernen würde«, erklärte er mir.

Ich stockte. »Wie jetzt?«, fragte ich, immer noch nicht ganz auf der sicheren Seite.

»Das passiert von Zeit zu Zeit, mach dir keinen Kopf. Kann ich dir die E-Mail weiterleiten?«

»Äh. Sicher. Und die Kasse?«

»Wie, die Kasse? Alles gut, Geld passte, Umsatz gut, weiter so. Muss los, ciao!« Er legte auf.

Ich brauchte eine Weile, um zu verstehen, was passiert war. Die Kundin, die sich neulich die ganze Zeit benommen hatte wie der letzte Trottel, hatte sich per offizieller E-Mail an den Laden gewandt, um mich kennenzulernen – und natürlich Noah mit dem Kontaktformular erreicht.

Wir trafen uns in der folgenden Woche, und plötzlich sah ich mich in der Situation wieder, die ich die ganze Zeit über für groben Unfug gehalten hatte. Ich verliebte mich Hals über Kopf in sie und war urplötzlich in einer festen Liebesbeziehung.

Irgendwie schien das ja doch zu klappen, so mit einer dauerhaften, festen Partnerschaft.

Quarterlife-Crisis

Gegen Ende des fünften Semesters machten viele meiner Kommilitonen ihr Pflicht-Praktikum, welches für diesen Zeitpunkt des Studiums empfohlen war. Ich war fest entschlossen, ins Beamtentum zu wechseln. Denn die Voraussetzungen für den höheren Dienst in Deutschland waren vergleichsweise niedrig. Bedingung für die Besoldungsstufe A13 war ein Diplom- oder Masterabschluss. Ein bestimmtes Studienfach war nicht vorgesehen, weshalb ich dachte, mit der Soziologie könne ich recht leicht in den Genuss des Beamtenlebens kommen. Ich war angetan von der beruflichen Sicherheit, dem guten Gehalt und irgendwie auch von der Vorstellung, etwas zurückzugeben. Schließlich wurde mein experimenteller Lebensstil zunächst großenteils durch den Staat getragen. Das war keine Selbstverständlichkeit für mich, ganz besonders nach meinen Eindrücken aus den USA, wo viele der Studierenden, die ich kennenlernte, bereits unfassbar hoch verschuldet waren. Nun also war mein Ziel, noch einen Master zu machen und dann in den öffentlichen Dienst zu wechseln. Ich konnte mir gut vorstellen, bis zum Ende meines Studiums noch ein wenig auf der Suche nach dem Sinn zu sein und anschließend meine Seele auf ewig dem Staatsdienst zur Verfügung zu stellen. Um einen Fuß in die Tür zu bekommen, bewarb ich mich bei verschiedenen Ämtern und bekam schnell den Zuschlag.

Ich zog vorübergehend nach Hildesheim in eine WG und absolvierte mein Praktikum im Amt. Und dort waren sie über jede zusätzliche Hilfe froh. Schließlich gingen meiner einen Kollegin ständig die Candy-Crush-Leben aus, und ich war angehalten, ihr per Facebook neue zu schicken. Ich hatte zwar schon viel über Bürokratie gelesen, doch die Unterstützung bei Onlinespielen hatte Max Weber nirgends erwähnt. Rund vierzig Stunden die Woche, zwölf Wochen lang, ohne Bezahlung, verbrachte ich mit klassischen Praktikantenaufgaben. In einem Job, der vor Einfältigkeit nur so strotzte. Mein Pflichtpraktikum war das genaue Gegenteil von dem, was ich vorher gehabt hatte, und es fiel mir unglaublich schwer, mich jeden Tag aufzuraffen, um ins Büro zu fahren.

Mein einziger Trost war meine Freundin, die mich regelmäßig besuchte. Ihr Name war Magdalena. Wir waren frisch zusammen und starteten unsere Beziehung mit einer Fernbeziehung. Sie war einige Jahre älter als ich und hatte die Uni bereits hinter sich gelassen. Sie arbeitete als Pädagogin in einer Führungsposition und hatte sichtlich Spaß an ihrer Arbeit. Ich folgte der Logik, dass uns später nicht mehr so viel erschüttern konnte, wenn wir direkt zu Beginn unserer Beziehung die Hürde der Fernbeziehung meisterten. Wenn es nicht klappte, dann wäre das halt so gewesen. Doch wenn wir die paar Monate überstanden, könnten wir zukünftig immer wieder auf diese gemeisterte Hürde zurückblicken, wenn uns andere Steine in den Weg gelegt würden. Und der Plan ging auf. Wir blieben noch lange zusammen und meisterten viele der erwarteten Herausforderungen, die eine Beziehung stellt. Ich hatte grundsätzlich keine Angst zu scheitern, viel mehr hatte ich Angst davor, den Mut nicht aufzubringen, etwas zu versuchen. Nicht zuletzt wegen Magdalena versuchte ich, im Anschluss an mein Praktikum konzentrierter auf meinen Abschluss hinzuarbeiten.

Ich ließ mich anstatt von der Sonne nach meiner Rückkehr

vom Wecker wecken und setzte mich an den Schreibtisch. Es war zwar nicht mehr so lässig wie noch vor dem Praktikum, aber immer noch hundertmal besser als die Behördenarbeit. Ich machte Unikram. Schrieb Hausarbeiten, meinen Praktikumsbericht, holte Texte nach. Magdalena griff mir unter die Arme und schaffte es, mich zu motivieren, wenn ich mal nicht weiterwusste. Wir waren füreinander da, redeten uns gegenseitig Mut zu und halfen uns nach oben, wenn mal einer auf der Strecke zu bleiben drohte. Mein Part in unserer Beziehung bestand dabei eher darin, ihr den Stress zu nehmen, den sie sich häufig machte. Es war ein Geben und ein Nehmen, und wir ergänzten uns eine ganze Weile fantastisch. Die Arbeiten gingen mir dank ihrer motivierenden Art recht leicht von der Hand, und ich besuchte tatsächlich wieder regelmäßig die Uni, sogar über das Mittagessen in der Mensa hinaus.

Die Zeit verging, und eines Abends saß ich mit ihr zusammen auf der Terrasse ihrer Wohnung. Es war Oktober 2014, ich kam gerade ins siebte Semester und plante bereits, meine Bachelorarbeit im kommenden Semester anzumelden. Magdalena und ich tranken eine Flasche des Weins, durch deren Kauf wir uns damals kennenlernten, hörten Musik und stritten uns – wie so oft – um die Playlist. Wir teilten nicht den gleichen Musikgeschmack. Überhaupt waren wir sehr unterschiedlich. Meine *Trial-and-Error*-Mentalität hatte sie nicht. Wirklich riskiert hatte sie nach meinen Maßstäben nie etwas. Brauchte sie aber auch nicht. Sie stammte aus einem guten Elternhaus und ist immer abgesichert gewesen. Ihr straffer Lebenslauf endete in einer guten Position, sie konnte sich bereits eine eigene schöne Wohnung leisten und verstand es nicht, warum ich es vorzog, nach wie vor in der WG wohnen zu bleiben. Immerhin hätte ich mir auch eine kleine eigene Wohnung leisten beziehungsweise mit ihr zusammenziehen können. Doch ich hing an meiner WG, und mein Studentenleben war zwar nicht mehr so wild wie früher, doch ganz aufgeben wollte ich es auch nicht.

Es war ein Spagat, den ich versuchte. Auf der einen Seite wollte ich endlich den Abschluss machen, auf der anderen Seite das Studentenleben weiter auskosten. Mich machte das wahnsinnig. Denn nicht zuletzt wegen meiner immer noch wankenden beruflichen Perspektive fiel es mir unheimlich schwer, das drohende Ende des Studiums zu akzeptieren.

Wir saßen häufig auf Magdalenas Terrasse. Wir tranken Wein, sprachen über Gott und die Welt oder hielten auch einfach mal beide die Klappe und schwiegen zusammen. An diesem Abend ging es jedoch um etwas Ernstes, wir sprachen über unsere Zukunft. Oder besser gesagt, über meine.

»Du kannst Noah doch fragen, ob du dauerhaft im Laden stehen kannst. Vielleicht bekommst du ja mal seinen Posten«, sagte sie und schenkte uns Wein nach.

»Ich denke, das würde sogar hinhauen, aber wofür habe ich dann studiert?«

»Keine Ahnung, wofür hast du denn studiert?«

»Für einen Job, zu dem ich durch mein Studium qualifiziert werde.«

»Und was für ein Job soll das sein?«

Ich stutzte. Das alte Soziologenproblem holte mich wieder ein. Wenn ich daran dachte, auf Dauer in einem Job zu arbeiten, wollte ich wenigstens was Ehrwürdiges machen. Jeder, der beruflich mit Alkohol zu tun hat, erlebt zwangsläufig Menschen, die an der beliebtesten Droge der Deutschen zu

Grunde gehen. In meinen früheren Gastro- und Kneipenjobs war es natürlich deutlicher, es gab immer diese Stammkunden, die verhältnismäßig früh in den Laden kamen und sich täglich harten Alkohol bestellten. Im Weingeschäft konnte man Alkoholismus gut als gehobene Trinkkultur tarnen, doch mal ganz im Ernst: Droge ist und bleibt Droge, und Sucht bleibt Sucht. Ich bin immer der Überzeugung gewesen, dass Menschen frei entscheiden sollten, was sie sich reinpfeifen wollen und was nicht. Doch dazu bedurfte es an Aufklärung. In meinem Ehrenamt klärte ich häufig über die Folgen von maßlosem Drogenkonsum auf, denn das war omnipräsent an den Hauptschulen, an denen der Verein tätig war. Gesetzliche Verbote hielten niemanden an den Schulen ab, entsprechende Angebote auszuschlagen. Die Aufklärung durch unseren Verein schon eher.

Neben der Drogenaufklärung von Jugendlichen pries ich beruflich erwachsenen Menschen Weine an und tarnte die gewollte Umsatzsteigerung durch vermeintliche Kulturvermittlung. Klar fand ich es cool, so gut über Wein Bescheid zu wissen. Ich hätte vor dem Job nie gedacht, dass ich mir mal so viel Wissen über dieses schier unendlich breite Fachgebiet aneignen könnte. Doch auf der einen Seite aufzuklären und auf der anderen gezielt zu werben, das war schlichtweg inkonsequent.

Aber nicht nur mein beruflicher Alltag war januskōpfig. Ich selbst trank im Studium und besonders seit Beginn meiner Weinkarriere sehr regelmäßig Alkohol und nahm immer bewusster Suchtstrukturen wahr, die ich ohnehin schon durchs Rauchen hatte – und hasste. Als Kind konnte ich nie verstehen, wenn Raucher zu mir sagten: »Fang bloß nie damit an«, und sich danach eine Zigarette ansteckten. Mittlerweile verstand ich sie. Es passte gar nicht zu mir und meiner Freiheitsliebe, Suchtmensch zu sein, und ich nahm mir diese Erkenntnis bereits einige Zeit vorher zum Anlass, meinen Konsum zu überdenken. Doch mich endgültig für eine Richtung zu entscheiden, das fiel mir schwer.

»Keine Ahnung. Master machen, vielleicht einen Doktor hinterher. Dann könnte ich wenigstens während der Dissertation schon mal eine feste Bezahlung bekommen.«

Sie trank einen Schluck, und wir saßen eine Weile nebeneinander, ohne zu reden.

»Ich weiß es einfach noch nicht. Ich liebe es so, wie es ist. Muss ich denn unbedingt etwas verändern, wenn es mir doch gut geht?«, fragte ich.

»Natürlich nicht. Aber irgendwann sollte man doch auch mal darauf hinarbeiten. Ich meine: Es gibt ein Leben nach dem Studium!«

Sie hatte recht. Natürlich gab es ein Leben nach dem Studium. Und es stand möglicherweise unmittelbar bevor. Denn ich war ja schon dabei, meine Bachelorarbeit zu planen, mit der mein Abschluss einhergehen würde. Doch wie dieses Leben nach dem Studium aussehen sollte, das wusste ich nicht. Was, wenn ich keinen Masterplatz bekommen würde, wie so viele meiner Bekannten, die schon vor mir ihren Bachelor gemacht hatten? Wenn ich mit 23 Jahren in einen richtigen, lebenslangen Beruf einsteigen müsste, ohne die Option, zurück an die Uni zu gehen? Und was sollte das überhaupt sein, so ein *richtiger* Beruf? Ich verwirrte mich selbst, denn an sich hatte ich ja schon die ganze Zeit über gearbeitet. War es schon so weit? War es zu spät, einen Schritt zurückzugehen?

Als Kind will man erwachsen werden, und als Erwachsener bereut man es, die Kindheit nicht genug genossen zu haben. War ich an diesem viel beschriebenen Wendepunkt angelangt?

»Du kannst ja auch nicht ewig so weitermachen. Immer Party hier, Party da, ausschlafen und so weiter«, sagte sie und grinste mich an. Ich lachte.

Bis zum Ende empfand ich es als fantastisch, wie erwachsen sie war. Wie sie es einfach akzeptierte, das Erwachsensein mit Struktur zu erleben und den Stress als notwendiges Übel zu sehen. Ich wollte es auch akzeptieren, aber ich scheiterte grandios an der Vorstellung, mich irgendwann im selben Alltag zu befinden wie sie.

Denn ich war mir nicht zuletzt wegen der Erfahrungen im Praktikum unschlüssig, ob ein *Nine-to-five*-Job ganz grundsätzlich für mich infrage kam. Auf der anderen Seite war die Selbstständigkeit einfach zu unsicher, und das spürte ich regelmäßig, wenn versprochene Abmachungen von Partnern nicht eingehalten wurden, Aufträge ausblieben oder hohe einmalige Kosten anfielen. Auf Dauer war das nichts.

»Party hier, Party da«, dachte ich, »die hätte mich mal vor der Beziehung erleben sollen.« Es hatte sich schon einiges geändert. Das Lotterleben von einst war schon seit längerem einer neu entdeckten Disziplin gewichen: Wie erwähnt, stand ich relativ früh auf, vermied Abstürze, flirtete nicht mehr in der Gegend herum und saß regelmäßig in der Bib, Zusatzliteratur für meine Hausarbeiten wälzend. Da war nichts mehr vom einstigen »Bologna-Effekt« übrig, ganz zu schweigen vom Rock 'n' Roll, mit dem mein Lebensstil zu Beginn des Studiums noch sehr adäquat beschrieben werden konnte. Mein einst gelebter Hedonismus war nun eher ein Hedonismus*chen*, das sich in maßvollem Genuss von Wein und Theaterbesuchen widerspiegelte statt in spontanen Fahrten nach Hamburg und nächtelangem Tanzen auf Elektropartys in stickigen Kellerdiskos.

Und mir wurde spätestens an diesem Abend auf ihrem Balkon bewusst, dass ich mich immer weiter ins *Leben* entwickelte, und das *Studenten-* als Vorsilbe stetig schrumpfte. Doch war ich bereit dazu?

»Mir dreht sich der Kopf, lass uns ins Bett gehen«, sagte ich.

»Geh ruhig vor, ich trinke noch aus und komme dann nach.«

Ich war platt. Mich schlauchten diese Gespräche über meine berufliche Zukunft mittlerweile extrem, und mit fortschreitender Semesterzahl musste ich sie immer häufiger führen. Erst nur mit Verwandten, dann auch manchmal mit Freunden und jetzt auch noch mit meiner eigenen Freundin.

Da lag ich nun, allein in ihrem Bett, über das Display meines Handys scrollend. Wann ist das passiert? Und wenn diese Entwicklung so weitergeht, wo führt sie noch hin? Werde ich auch zu so einem, der nichts mehr erlebt und statt witzigen Anekdoten deshalb ständig nur noch über seine modernen Krankheiten in Kombination mit seinem gesunden Lifestyle erzählt? Zu jemandem, der seine Zeit nur noch damit verbringt, sich zu fragen, wo denn die Zeit geblieben ist? Zu dem Spießer, der seinen experimentellen Geschmack der Allgemeinheit anpasst, weil er sich nicht mehr leisten kann, unangenehm aufzufallen und anzuecken? Wann fing diese Entwicklung an?

Wann genau ist aus Sex, Drugs & Rock 'n' Roll eigentlich Laktoseintoleranz, Veganismus und Helene Fischer geworden?

Twitter

Ich las schon lange regelmäßig den Blog von Dirk von Gehlen. Dieser wurde nämlich über seine Facebookseite geteilt und enthielt immer supercoole Erklärungen für aktuelle Internetphänomene. »Phänomeme« nannte sich das Ganze dann und ließ einen immer ein bisschen hinter die Kulissen des Internets sehen. Auffällig war, dass viele virale Inhalte des Internets zunächst bei Twitter entstanden, bevor sie bei Facebook geteilt wurden und ihre Runde machten. Da ich immer fasziniert von der scheinbar wahllosen Verbreitung von Content im Internet war, entschied ich mich dazu, Twitter einen Versuch zu geben und mich selbst auf die Jagd nach spannenden Inhalten zu machen.

Die Plattform fiel gnadenlos durch. Ich folgte den bekanntesten Nachrichtenseiten, ein paar Promis und – natürlich – Dirk von Gehlen. Ich war enttäuscht. Zutiefst enttäuscht. Die Nachrichtenseiten twitterten die News, nachdem sie dieselben schon bei Facebook gepostet hatten, die Promis machten ununterbrochen Werbung für sich selbst, und Dirk von Gehlen verbreitete auch nur die Inhalte seines Blogs, den ich ja schon von Facebook kannte.

Mein Twitterkonto geriet in Vergessenheit, bis ich einen

Artikel in der *Süddeutschen Zeitung* entdeckte mit dem Titel *Mein Exfreund hatte einen schönen Penis*. In dem Artikel ging es um die sogenannten Twittermädchen und darüber, wie sie in der Anonymität auf Twitter ganz offen und ungezwungen über ihre Sexualität plauderten. Denn im Gegensatz zu Facebook vernetzte man sich bei Twitter nicht mit Freunden, sondern mit gänzlich Unbekannten. Eben nicht, weil man sie kennt, sondern ausschließlich, weil man ihre Geschichten interessant findet. Das fand ich spannend und folgte den im Artikel vorgeschlagenen Accounts. Anstatt meinen Voyeurismus zu befriedigen, wurde ich beim Lesen der Tweets und Retweets jedoch nur noch neugieriger, und ehe ich mich versah, hatte ich zig Leute in meiner Liste, deren Alltagsbeobachtungen ich regelmäßig las. Da war ein Taxifahrer, der während seiner Nachtschichten von volltrunkenen Fahrgästen schrieb, eine Chemopatientin, die über die Leiden ihrer Therapie berichtete, und eben eine ganze Menge Menschen, die offen und anonym über Dinge wie Sex, Beruf, Kinder und Politik plauderten. Ich las Alltagsgeschichten von Menschen, denen ich im Reallife sonst nie begegnet wäre. Und manchmal kamen die Blogger auch zusammen. In allen großen Städten fanden von Zeit zu Zeit Twittertreffen statt, bei denen die Anonymität aufgehoben wurde. Ich besuchte einige davon und fand mich schnell umgeben von Medienmenschen. Großenteils gingen Autoren, Texter, Werber oder Comedians zu solchen Treffen. Zwischendrin auch ein paar Normalos wie ich.

Ich begann damit, regelmäßig kleinere Anekdoten über mein Studentenleben zu schreiben. Es wurde zunächst ein Hobby, aus dem bald mehr werden sollte. Denn Twitter war fantastisch, wenn man es denn richtig nutzte. Die

Zeichenbegrenzung auf 140 machte es ganz schön anspruchsvoll, komplexe Sachverhalte herunterzubrechen. Wenn ich meinen Freunden erzählte, was ich da machte, erntete ich oft verständnislose Blicke: »Ich habe das ja nie verstanden«, oder: »Keiner meiner Freunde hat Twitter, was soll ich dann da?«, waren ganz gängige Reaktionen.

Aber ich hatte meinen Spaß daran und setzte das Schreiben trotz vieler Zweifel von Bekannten fort. Was darüber hinaus cool war an Twitter, war die Möglichkeit, in jeder fremden Stadt einfach mal online zu fragen, ob jemand Lust hatte, was zu machen. Als ich noch als Promoter quer durch Deutschland gefahren bin, machte ich davon regelmäßig Gebrauch und lernte superinteressante Menschen aus den verschiedensten Ecken des Landes kennen. So ein bisschen Reichweite im Netz konnte echt ziemlich coole Nebeneffekte mit sich bringen.

Teilweise verbreiteten sich meine Tweets über die Grenzen von Twitter hinaus und wurden auch mal von großen Facebookseiten geteilt. Ehe ich mich versah, bin ich selbst Produzent viraler Inhalte geworden. Mein Sex-Drugs-&-Rock-'n'-Roll-Vergleich ging damals sofort durch die Decke. Ich bekam sehr viele Reaktionen darauf, die meisten versuchten, meine Frage nach dem Zeitenwandel zu beantworten. Dabei ging es in dem Tweet nie um eine kulturpessimistische Gesellschaftsdiagnose, die vom weiten Internet mit einer Antwort gewürdigt werden sollte. Ich habe damit einfach nur diesen Moment festgehalten, in dem ich zurückgeblickt und eine gravierende Veränderung bemerkt habe, deren Entstehung ich nicht mehr nachvollziehen konnte. Meine eigene reflexive Sicht auf das Erwachsenwerden, den Druck der Erwartungen, endlich was *Vernünftiges* machen zu müssen, und das Aufgeben des jugendlichen Lotterlebens. Anscheinend fanden sich mehr Leute in den Inhalten meiner Tweets wieder, als ich erwartet hatte.

Studienberatung: Dauerstudentenleben

Wenn man über die Regelstudienzeit hinaus studiert, verlangt jeder, dass man sich dafür rechtfertigt. Zusätzlich zur omnipräsenten Frage, was man denn nach dem Studium machen wolle, wird nun auch noch gefragt, wann man denn endlich fertig sei. Dabei hat *fertig sein* nichts mit dem Abschluss zu tun. Fertig mit dem Studium ist man, wenn man keine Lust mehr darauf hat. Und das kann halt dauern. Punkt.

Man darf sich durch den von außen gemachten Druck nicht einschüchtern lassen. Wenn man also mal wieder für seine gewählte Freiheit als Dauerstudent belächelt wird, muss man sich einfach Folgendes ins Gedächtnis rufen: Dauerstudenten werden nur so lange belächelt, wie sie noch keinen Abschluss haben. Irgendwann wird man es schaffen, den ganzen aufgeschobenen Kram nachzuholen, das Studium zu beenden und einen Beruf zu finden. Doch wann es an der Zeit dafür ist, hängt nur davon ab, wie bereit man sich selbst dafür fühlt. Bildung ist immer etwas Individuelles. Die Schulen versagen an diesem Individualismus ganz offensichtlich, doch im Studium hat man es selbst in der Hand. Und man sollte diesen Umstand nutzen.

Es ist keine Schande, lange zu studieren. Man muss es ja nicht übertreiben wie der Medizinstudent aus Kiel, der 58 Jahre lang in der Uni eingeschrieben war und damit vermutlich den Weltrekord im Dauerstudieren hält. Doch man darf sich sein Leben nicht von Modulbüchern und Regelstudienzeiten vorschreiben lassen. Was ich sagen möchte ist: Wir haben die Wahl, ob wir die hohen Bildungsstätten als die Fabriken annehmen, zu denen sie durch die Politik der Vereinheitlichung immer mehr gemacht werden, und uns zu Produkten erniedrigen, die nach exakt drei Jahren fertig für den Arbeitsmarkt geschliffen sind. Oder ob wir Bildung von einem anderen Standpunkt aus betrachten. Denn fürs Leben lernen wir nicht durch Prüfungen, Hausarbeiten und das bedingungslose Einhalten von Deadlines. Das wahre Leben findet außerhalb der Bibliotheken statt.

Und ganz nebenbei bemerkt: Das Kennenlernen von Leuten kann auch ungeahnte Vorteile auf dem Arbeitsmarkt schaffen. Ich kenne mehr Kommilitonen, die durch gute Connections an einen Job gekommen sind als durch gute Noten. Das gilt ganz besonders für meine Bekannten aus den Geisteswissenschaften. Wenn man sich bewusst dafür entscheidet, »Dauerstudent« zu werden, und das entsprechende Leben lebt, braucht man sich nicht vor mangelnden Jobperspektiven zu fürchten – ganz im Gegenteil.

Keine Ahnung, warum sich Leute ernsthaft dagegen entscheiden und so schnell wie möglich mit ihrem Bildungsweg abschließen wollen.

Man kann sein Studium auf den Abschluss mit einer klaren Vorstellung von einem Job fokussieren, man kann so lange Seminare besuchen, bis man sich selbst *ready* für einen Beruf hält. Aber man kann eben auch mit dem Anspruch ans Studium gehen, die beste Zeit seines Lebens zu haben. Was soll das denn mit den immer wieder diskutierten Strafen für Bummelstudenten? Als müsse es bestraft werden, wenn jemand Spaß am Leben haben will oder einfach etwas länger braucht, seinen Weg zu finden und ihn zu gehen.

Ganz im Ernst, wenn ich irgendwann mal auf mein Leben zurückblicke, werde ich ganz sicher froh sein, dass ich zumindest ein paar meiner achtzig Lebensjahre mal jeden Tag ausgeschlafen habe. Mir mittags den ersten Kaffee gekocht habe, um dann wieder die Nacht zum Tag zu machen. Zwei, drei Semester lang chillen bringt wirklich niemanden um, und es ist zudem absolut sinnvoll, auch mal ganz bewusst die Erfahrung des Nichtstuns gemacht zu haben.

Kapitel 6:
Wie die Jungfrau zum Kinde

Mein Ehrenamt hatte eine Zeit lang auf Eis gelegen. Erst die Startschwierigkeiten des Vereins, dann meine eigene Auszeit. Aber irgendwann konnten mein Schüler und ich unsere Coaching-Beziehung endlich starten, und die Tätigkeit gefiel mir ziemlich gut. Die Treffen bestanden aus kumpelhaften Gesprächen über seine ersten Frauengeschichten und Drogenerfahrungen bei stundenlangen FIFA-Turnieren auf der Playstation. Er war genauso auf der Suche nach einem passenden Beruf wie ich, doch mit einem Hauptschulabschluss hatte er bei Weitem nicht die Möglichkeiten, die ich hatte. Recht zügig verleiteten ihn seinen Eltern dazu, sich eine Lehrstelle zu suchen. Nach einem Praktikum in einer Druckerei bekam er die mündliche Zusage, dort eine Ausbildung beginnen zu können, und unsere Treffen wurden seltener. Ich fand mich in der Position wieder, die mir die Psychologin damals vor dem Studium als Hauptbestandteil ihres Berufs beschrieb: Ich war ein Begleiter für ihn, temporär, bis er es geschafft hatte, eine schwierige Phase zu überwinden. Im Gegensatz zu meiner

Erwartung damals fand ich das aber absolut okay, ich konnte es mittlerweile verstehen.

Mein Ehrenamt verlagerte sich auf die Betreuung anderer Coaches und die Hilfestellung bei alltäglichen Problemen mit ihren Schülern. Die häufigsten Fragen waren dabei rechtlicher Natur: Wie sollte man damit umgehen, wenn man beim Schüler oder der Schülerin eine Drogensucht vermutete? Was war zu unternehmen, wenn es Anzeichen von häuslicher Gewalt gab? Konnte man selbst belangt werden, wenn eine Straftat gebeichtet wurde und man das verschwieg? Ich ermahnte in der Rolle des Betreuers die anderen Coaches stets, an das Wohl des Jugendlichen zu denken. Häufig half es, sich mit einer Gruppe von Coaches in einer Bar oder einem Café zu treffen und sie einfach miteinander über ihre Probleme reden zu lassen. Die meisten Unsicherheiten verschwinden, wenn man die Problemstellung selbst einmal vor einem Außenstehenden erklärt.

Innerhalb des Vereins war ich also aufgestiegen, und ich konnte mir gut vorstellen, den Weg des Coaches weiterzugehen und vielleicht sogar Geld damit zu verdienen. Durch mein Praktikum im öffentlichen Dienst und die Gewissheit, mich dort später zu Tode zu langweilen, war ich nicht besonders motiviert, das Beamtentum weiter anzustreben. Ich hatte mir nun vorgenommen, meinen Bachelor zu absolvieren, meinen Master zu machen und währenddessen ein neues Ziel zu finden. Bekannte, denen ich von meinen ständig wechselnden Zukunftsperspektiven erzählte, schüttelten wie gewohnt den Kopf über meine sprunghaften Zukunftspläne. Doch dann eröffnete sich eine Option.

Drei Monate nach der beschriebenen Nacht auf Magdalenas

Terrasse bekam ich eine interessante Nachricht. Über Twitter kontaktierten mich zwei Autoren, die ausgewählte Tweets über mein Studentenleben gerne in einem Buch abdrucken wollten. Ich war schon ein bisschen stolz, als sie mir erklärten, dass zwanzig der aus ihrer Sicht besten Twitterer gemeinsam dieses Buch füllen sollten und zu gleichen Teilen an den Einnahmen beteiligt würden. Ich sagte zu, traf eine Auswahl an Tweets und schickte sie ein. Im April 2015 war es dann so weit: Das Buch wurde veröffentlicht, und ich bekam tatsächlich Geld für etwas, was ich ganz selbstverständlich aus Spaß nebenbei gemacht hatte. Leben konnte ich davon aus finanzieller Sicht zwar nicht, doch mit meinem Content in einem Buch abgedruckt zu sein, das war ein großartiges Gefühl.

Mein Tweet mit dem Helene-Fischer-Vergleich verhalf mir zu einer gewissen Größe unter den Nachwuchs-Textern im Internet. Und nicht nur das: Er wurde kopiert, kopiert, kopiert. Im Studium hatte ich mal eine Hausarbeit über viralen Content geschrieben, die ich mit der Erkenntnis abschloss, dass es nicht möglich sei, die Reichweite von Inhalten zu steuern oder gezielt Viralität zu erzeugen. Nun war es mir selbst gelungen, und ich begann ein Gespür zu entwickeln für die richtigen Inhalte zur richtigen Zeit.

Dass ich mit neunzehn anderen Internetautoren für meine Tweets bezahlt wurde, stellte die absolute Ausnahme dar. Mir fielen immer häufiger Produkte auf, die mit Tweets bestückt waren. Der Klassiker unter ihnen waren Kalender, Postkarten oder bedruckte T-Shirts. Die eigentlichen kreativen Köpfe hinter den kurzen, prägnanten Sprüchen wurden dabei in den seltensten Fällen erwähnt, geschweige denn an den Einnahmen aus diesen Produkten beteiligt. Das war eine Ungerechtigkeit, die mich bewegte. Denn ich hatte über die Plattform ja selbst Texter und Autoren kennengelernt, die im Gegensatz zu mir ihren Lebensunterhalt mit der Kreation von Textinhalten verdienten. Ihnen gegenüber war es einfach unfair, dass sich zunehmend Firmen an vermeintlichem Gratiscontent in den sozialen Netzwerken bedienten, ohne die dazugehörige Kreativwirtschaft zu entlohnen. Ich begann, vermehrt darüber zu schreiben, zu bloggen und reichte sogar selbst mal eine Klage wegen einer vermeintlichen Urheberrechtsverletzung ein, die jedoch abgewiesen wurde – unter Protest vieler meiner Follower, mit denen ich das ganze Vorgehen teilte. Doch das ist eine andere Geschichte.

Back to the Roots

Ich entschied mich, mein Bachelorstudium zu beenden, und hoffte auf einen Masterplatz. Die Vorstellung, mein Studentenleben komplett an den Nagel zu hängen, war geradezu erschütternd. Doch es war schlimmer als die Vorstellung, sich kurz vor dem Ziel zu befinden und zu resignieren. Ich sah den Bachelor als Zwischenziel an und konnte mich damit arrangieren.

Die Regelstudienzeit war zu Ende, und die meisten meiner Kommilitonen waren nun auch fertig mit dem Studium. Was wir anfangs getönt hatten, das Studium sei auch locker in fünf Semestern zu machen, stimmte zwar: Doch die Zeit reichte bei mir einfach nicht aus, um einen Überdruss am Studentenleben entstehen zu lassen. Ich hatte zu diesem Zeitpunkt zwar nicht mehr viele Leistungen offen, doch die Suche nach einem Masterplatz hatte Vorrang.

Es war schwierig, mit den letzten Arbeiten in meinem Studium zu beginnen. Nicht unbedingt von den Anforderungen her – eine Bachelorarbeit war im Grunde auch nur eine Hausarbeit mit Überlänge, und im Schreiben war ich mittlerweile routiniert. Doch am Ende sollte die Bewerbung für den Masterplatz stehen, und sollte diese abgewiesen werden, stünde ich nur mit einem überlangen Soziologie-Bachelor auf dem Arbeitsmarkt.

Im Normalfall musste man seine Bachelorarbeit anmelden, und vom Zeitpunkt der Unterschrift an hatte man sechs Wochen Zeit, sie zu schreiben. Bei mir lief das etwas anders, denn mein betreuender Prof fand diese zeitliche Eingrenzung idiotisch. Seiner Meinung nach kam es nicht darauf an, wie schnell die wissenschaftliche Abschlussarbeit geschrieben wurde, sondern wie gründlich. Das kam mir zugute, und ich probierte viel herum, bis ich irgendwann auf Michel Foucault stieß, mich instant in sein mir bisher unbekanntes Werk verliebte und mich von nun an in die Thematik von *Überwachen und Strafen* einarbeitete.

Nachdem ich im siebten Semester noch mal ganz bewusst das Studentenleben ausgekostet hatte und mir Zeit nahm, mir noch ein paar vernachlässigte Fachgebiete der Soziologie anzueignen, war es im achten soweit, dass ich mich an die Arbeit setzte. Und was soll ich sagen, durch meine Vorbereitung und Recherche über das Thema hatte ich die Arbeit inhaltlich schon im Kopf. Ich brauchte keine zwei Wochen, um meine dreißig Seiten runterzuschreiben und einzureichen.

Mit der Bestätigung der eingereichten Bachelorarbeit konnte ich mich nun auf Masterplätze bewerben. Denn Arbeiten mit einem Bachelorabschluss kam für mich nicht infrage. Wenn schon studieren, dann richtig. Mit Master und so. Davon abgesehen, klangen zwei weitere Jahre Studium natürlich recht verlockend.

Studienberatung: Arbeiten schreiben

In meinem Studentenleben habe ich eine Vielzahl von Studienarbeiten geschrieben. Ich habe nicht mitgezählt, und im Gegensatz zu vielen Kommilitonen auch nicht alle aufgehoben, doch es dürften inklusive Bachelorarbeit um die fünfzehn Stück gewesen sein. Im Laufe des Studiums habe ich gelernt, wie man am besten Hausarbeiten schreibt. Beziehungsweise wie man sie nicht schreibt.

Folgende Situation: Du hast im Internet einen Last-Minute-Spontanurlaub zu einem unfassbar günstigen Preis ergattert, und dein Flieger geht morgen früh. Die Hausarbeit, die du vor dir liegen hast, ist noch nicht fertig, und die Deadline liegt in deiner Urlaubszeit. Natürlich kommt es nicht infrage, statt Cocktails unter Palmen zu schlürfen, das WLAN des Hotels für Recherchen zu deiner Arbeit zu nutzen.

Deshalb hier ein paar Tipps, wie man Last-Minute-Hausarbeiten schreibt.

Vorweg: Abschreiben ist natürlich keine Möglichkeit. Wie wir mittlerweile von Ministern und anderen Prominenten wissen, kann das noch nach deinem Studium ernste Folgen für dich haben. Außerdem ist Plagiieren super uncool. Zu den Tipps:

1. *Deadline aufschieben:* Viele Profs sind sich darüber im Klaren, dass das Studentenleben manchmal ungeahnte Sonderfälle bereithält. Wenn du also eine E-Mail an deinen Dozenten schreibst mit der Bitte, die Deadline aufzuschieben, hilft es ungemein, »persönliche Gründe« als Entschuldigung anzugeben. Versuche dabei, dich so offen wie möglich auszudrücken und viel Interpretationsspielraum zu lassen.
2. *Alpha und Omega:* Solltest du keinen Aufschub bekommen, kannst du zu einer anderen Methode greifen. Durch die Vielzahl von Studierenden ist es den meisten Profs nicht möglich, jede Hausarbeit penibel durchzulesen. Man erzählt sich, dass die Dozenten, um Zeit zu sparen, zunächst nur die Einleitung und das Fazit lesen. Wenn die beiden Sachen schlüssig sind und zusammenpassen, reicht das meist für eine Notenvergabe. Ein Kommilitone von mir hat mal im Mittelteil seiner Arbeit eine ganze Seite voller *Lorem ipsum* als Platzhalter stehen gelassen und trotzdem eine 1,0 für seine Arbeit bekommen. Dem Prof war es schlichtweg nicht aufgefallen, da er es für ausreichend hielt, den Beginn und das Ende zu lesen. Ist wohl auch so was wie ein Bologna-Effekt.
3. *Satzzeichen:* Sollten dir nur noch wenige Seiten fehlen, um auf die Mindestlänge zu kommen, gibt es den Trick, alle Punkte im Text zu markieren und einfach ein paar Schriftgrößen nach oben zu schrauben. Das gibt pro Punkt

ein paar Pixel zusätzlichen Platz, und deine Arbeit wirkt länger. Schwierig ist das Ganze natürlich, wenn Wörter gezählt werden müssen, aber in den meisten Fällen bemerkt das niemand. Dasselbe kann man auch mit Leerzeichen machen. Übertreib es nur nicht.
4. *Den Urlaub absagen:* Ist natürlich keine ernst gemeinte Option. Vergiss die Hausarbeit, du kannst das Seminar bestimmt im Wintersemester wiederholen. Guten Flug!

Nach dem Studium ist vor der Rente

Ich hoffte darauf, meinen Master in Soziologie an der Uni Bielefeld anzutreten, doch ich wurde enttäuscht. Nicht nur Bielefeld, sondern auch meine Notfall-Bewerbungen an anderen Standorten wie Hamburg und Regensburg wurden abgelehnt. Eigentlich war ich recht froh darüber, denn dann hätte ich Bielefeld verlassen müssen. Und die Stadt war längst meine neue Heimat geworden. Die Gewissheit, dass mein Studentenleben nun vorbei sein sollte, und die Frage nach meiner Zukunft brachten mich um den Verstand. Dass ich die scheinbar grenzenlose Freiheit der beruflichen Selbstständigkeit hatte, war mir nur deshalb möglich, weil ich als Selbstständiger nur den Studententarif an die Versicherungen zahlte und demnach sehr niedrige Abgaben hatte. Mit dem Ende des Studentenstatus hätte sich das jedoch enorm geändert.

»Schreib dich doch einfach für Physik ein«, riet mir mein Freund Lukas. »Ist meistens eh zulassungsfrei, und wenn es dir nur darum geht, weiterhin niedrige Abgaben zu haben, ist das doch ideal.«

Doch das war es nicht. »Dann wäre ich ja nur eine dieser Karteileichen, die sich nur auf dem Papier an den Unis befinden, um die Vorteile zu genießen«, entgegnete ich ihm zu seinem gut gemeinten Vorschlag.

Schließlich gab es genug Vorteile für eingeschriebene Studenten. Mit dem Semesterbeitrag bekam man den Studentenausweis, der einem nicht nur kostenlosen Nahverkehr, sondern auch Preisnachlässe in allen möglichen Bereichen des Lebens ermöglichte. Wer studiert hat, verdiente statistisch aber mehr Geld als Leute ohne Studium, weshalb ich es als Prinzipienverstoß ansah, trotz eines Abschlusses eingeschrieben zu bleiben. Die sogenannten Phantomstudenten wurden von Hochschulen geduldet, weil deren Gelder nach der Anzahl eingeschriebener Studierender bemessen werden. Ich komme aus einer Welt, in der ein Studienplatz alles andere als selbstverständlich ist, und wer nur einen Studienplatz belegte, um sich trotz seiner hohen Verdienstmöglichkeiten auf Kosten der Steuerzahler ein angenehmes Leben zu machen, tat das ganz bewusst zulasten der nichtstudentischen Allgemeinheit. Das hatte nichts mit Cleverness zu tun, sondern aus meiner Sicht nur mit akademischer Arroganz. Das musste jetzt auch mal gesagt werden.

Da stand ich nun, mit meinem Bachelor in der Tasche, ohne eine Zusage für einen Masterplatz und mit abgemeldetem Gewerbe. Sollte es so also enden, mit mir und meinem Studentenleben?

Durch einen Aushang an unserem Studentenwohnheim wurde ich auf eine Stelle im Stiftungswesen aufmerksam, die auf ein Jahr befristet war. Ich sah es als eine Art Schicksal, bewarb mich und bekam die Stelle. Meine Aufgaben bestanden überwiegend aus recht monotoner Verwaltungsarbeit, doch hin und wieder gab es coole Dinge. Ich war im Team eines Bildungsprojekts, das sich mit der Berufsfindung von Realschülern befasste. Es gab Workshops mit ausgebildeten Trainern und Berufsfelderkundungstage, die viel interessanter waren als die, die ich aus der Schule kannte. Denn hier gingen wir richtig in namhafte Unternehmen, und Azubis beantworteten alle Fragen der Jugendlichen. Außerdem war viel Praxis dabei, da wurde gemauert, gezimmert und gemalt. Wenn ich heute darauf zurückblicke, war es der richtige Weg, das Weinbusiness hinter mir zu lassen und meine Arbeit im Bildungssektor zu erweitern. Nicht zuletzt, weil das ganze Team mal einen Brief von der damaligen Ministerpräsidentin Hannelore Kraft erhielt, in dem sie uns für unsere wichtige Bildungsarbeit dankte. Das unterstrich den ehrenwerten Charakter meines neuen Jobs.

Berufsfindung. Das sollte es also für mich sein. Ausgerechnet für mich, der jahrelang selbst nicht wusste, womit er später dauerhaft seinen Lebensunterhalt verdienen sollte. War es die ganze Zeit so offensichtlich? Damit sollte ich also mein Leben verbringen? Ich schmiedete schon Karrierepläne und war dabei, mit meinem Studentenleben endgültig abzuschließen, als ich Post von der Uni Bielefeld bekam. Im Nachrückverfahren für den Soziologie-Master angenommen. Na, Glückwunsch!

Da ich den ganzen Tag arbeitete, war die Uni nicht nebenbei machbar. Ich ging zwar zu einigen Seminaren, doch es funktionierte nicht mehr. Die Soziologie und ich hatten uns auseinandergelebt.

Auseinandergelebt hatten sich auch Magdalena und ich. So sehr wir uns bemühten, unsere unterschiedlichen Einstellungen zum Leben zu akzeptieren – es reichte nicht. Nach der Trennung fuhr ich wieder häufiger nach Hildesheim, die Stadt, in der ich mein Praktikum absolviert hatte. In Hildesheim fehlte es zwar an Clubs und Diskotheken, doch es gab dort eine Wahnsinnsstudentenkultur. Immer, wenn ich dort zu Besuch war, fand irgendwo eine WG-Party statt. Es war stets eine kleine Rückkehr in mein Studentenleben, wenn ich dort an freien Tagen mit Studierenden rumhing. Darüber hinaus war ich aber auch einfach gerne in der Stadt. Denn es war schön dort. Hildesheim bestand aus zahlreichen alten Häusern und hatte mit einem Dom und einer historischen Kirche sogar zwei Weltkulturerbstätten. Es war wie Urlaub von der großen grauen Nachkriegsstadt Bielefeld, die ich nun durch mein Arbeitsleben auch ganz anders wahrnahm als noch im Studium.

Nach Magdalena wollte ich erst mal nichts Neues. Ich hatte weder Interesse an Gelegenheitsbeziehungen noch an einer neuen Liebe. Doch wie es manchmal so kommt, lernte ich in meiner Urlaubsstadt ein Mädchen kennen, das meine Pläne über den Haufen warf.

»Die Interviewfragen hast du ja bereits bekommen, oder?«, fragt die Betreuerin und stellt ein neues Tablett mit Schnittchen auf den Tisch.

Ich schaue sie verdutzt an. »Welche Interviewfragen?«

»Bin gleich wieder da«, antwortet sie und verlässt den Raum.

Ich nehme mir ein Lachsbrötchen, und meine Nervosität

nimmt wieder zu. Ich hätte gestern nichts trinken sollen, denke ich, während ich an das andere Ende des Gästeraums gehe, um mir einen neuen Kaffee zu holen. Es ist unfassbar warm in dem kleinen Raum, und ich öffne die Tür des Balkons. Die Sonne blendet, sie spiegelt sich im Wasser der Spree.

Entgegen der Berichterstattung in den Medien war sie kein One-Night-Stand. Ich hatte sie bereits einige Tage zuvor auf einer Party kennengelernt. Ich verlängerte meinen Aufenthalt in Hildesheim, denn ich musste sie unbedingt wiedersehen. Als ich sie nach unserem Kennenlernen nach Hause brachte, fing sie auf der Straße betrunken an zu rappen. Sie war lustig, attraktiv und hatte keine Scheu, sich zu blamieren. Ich fühlte mich sofort zu ihr hingezogen.

Einige Tage später klappte es dann. Wir verabredeten uns, um gemeinsam mit meinen Freunden das EM-Spiel England gegen Island zu sehen. Sie passte in die Runde, alle verstanden sich mit ihr, und nach dem Spiel beschlossen wir, gemeinsam in ihre Wohnung zu gehen.

»*Dein erstes Mal?*«, *fragt die Maskenbildnerin, während sie mein Gesicht pudert.*

»*Joa, bisschen aufgeregt*«, *antworte ich.*

Sie spricht mir Mut zu und legt den Tupfer beiseite. »*Das war's schon, du kannst zurück in den Gästeraum gehen.*«

Ich blicke in den Spiegel und nehme keine wirkliche Veränderung meiner äußeren Erscheinung wahr. »*Danke*«, *sage ich, wie ich es zu einem Frisör sage, bevor ich den Stuhl verlasse, und gehe zurück in den Raum nebenan. Die Betreuerin kommt hinein und legt mir drei DIN-A4-Zettel auf den Tisch.*

»*Das sind die Interviewfragen, geh sie kurz mal für dich durch und überleg dir grob die Antworten. Ich hole dich in zwanzig Minuten ab. Brauchst du sonst noch was, Kaffee, Brötchen?«*

Ich verneine, bedanke mich erneut und sehe mir die Zettel an.

Frage eins lautet: »Wie ist es eigentlich dazu gekommen?«

Sie schloss ihre Wohnung auf. Wir hatten ein bisschen was getrunken, aber von den Vorabenden war ich noch so fertig, dass ich mich einfach nur aufs Bett freute und ihr Angebot nach einem weiteren Bier ablehnte. Sie ging ins Bad, und ich setzte mich auf ihr Sofa. Die Zweizimmerwohnung war geräumig, das Wohnzimmer hatte eine große Fensterfront, durch die man in die Fußgängerzone sehen konnte. Unten grölten Fußballfans.

Ich wartete, bis sie aus dem Bad kam, nahm meinen Kulturbeutel aus meiner Sporttasche und ging an ihr vorbei. Sie lächelte mich an. Als ich fertig war, ging ich ins Schlafzimmer und legte mich zu ihr ins Bett. Wir nahmen uns in den Arm, und sie sagte, dass ich morgen ruhig ausschlafen könne. Ich solle mir dann einfach meine Sachen nehmen und das Haus irgendwann verlassen, wir würden dann im Laufe des Tages alles Weitere klären. Sie musste früh zur Uni und hatte es mir überlassen, ob ich mit zu ihr kommen würde oder bei meinen Freunden bliebe. Ich entschied mich dafür, die Nacht mit ihr zu verbringen, und war dankbar für ihr Angebot, in ihrer Wohnung ausschlafen zu können.

Wir schliefen ein.

Als ich den gläsernen Aufzug betrete und die Gästebetreuerin auf die Taste für das Erdgeschoss drückt, wird mir unwohl. Ich bin total übermüdet, schließlich musste ich um fünf Uhr morgens bereits vor dem Hotel stehen und das Taxi nehmen.

Letzte Nacht hatte mich noch eine Freundin aus dem Studium besucht, die nach dem Abschluss nach Berlin gezogen war, und wir hatten ein paar Bier auf meinem Hotelzimmer getrunken. Ich war dankbar, dass ich ihr die Geschichte nicht auch noch erzählen musste. Den ganzen Tag hatte ich schon Interviews mit Zeitungen und Radiosendern geführt, und ich konnte es selbst nicht mehr hören. Wir sprachen über ihre Zeit in Berlin, meine Arbeit in der Stiftung und den total peinlichen Bericht bei taff, *der gestern bereits über meine Story ausgestrahlt worden war.*

Die Aufzugfahrt dauert ungewöhnlich lange, und mein Magen wird immer flauer. Dass das Interview heute zusammengeschnitten und ich erneut wie der letzte Casanova dastehen würde, kann zwar nicht passieren – immerhin wird es ein Liveinterview sein –, doch was würde passieren, wenn ich es total vermassle? Viele meiner Freunde sehen zu, Teile meiner Familie und auch meine Arbeitskollegen aus der Stiftung. Ich würde zum Gespött aller werden. Im schlimmsten Fall breche ich zusammen oder kotze live im Fernsehen den Moderator voll, und das Ganze geht dann als Videoschnipsel noch wochenlang durchs Internet. Vielleicht sollte ich es auf die Blamage anlegen und direkt nach der Aufnahme einfach meinen blanken Hintern in die Kamera halten. Damit würde ich sicher Fernsehgeschichte schreiben.

Ich lache etwas irre vor mich hin, was die Gästebetreuerin veranlasst zu fragen, ob es mir gut geht.

Nein, geht es mir nicht.

Unten angekommen, schließt sie zwei dicke Türen auf, und wir betreten gemeinsam das Studio.

Ich kramte mein Handy unterm Bett hervor. Lange geschlafen, dachte ich mir und erspähte die Mittagssonne hinter den

Jalousien. Sie war weg. Ich hatte nicht bemerkt, wie sie die Wohnung verlassen hatte, aber als ich aus dem Schlafzimmer in das Wohnzimmer trat, war mir klar, dass sie schon in der Uni sein musste. Ich ging duschen, klaubte meine Sachen zusammen und beschloss, wie abgesprochen, die Wohnung zu verlassen, um meinen Kumpel zum Frühstücken zu treffen. Ich schrieb ihm bei WhatsApp, dass ich mich jetzt auf den Weg machte, drückte die Klinke der Wohnungstür nach unten und – nichts. Die Tür ging nicht auf. Nach mehrmaligen Versuchen stellte ich fest: Sie war verschlossen. Im Schlüsselkasten neben der Tür fand ich keinen passenden Schlüssel, und ich realisierte langsam, dass ich eingesperrt war.

Ich setzte mich etwas ungläubig auf ihr Sofa und schrieb meinem Kumpel, was los war und dass ich vermutlich doch noch etwas länger brauchte. Sein Ratschlag, einfach aus dem Fenster zu springen, war nicht wirklich gut, denn zwischen Fenster und Straße lagen etwa sieben Meter. Ich schrieb ihr, dass ich in ihrer Wohnung eingeschlossen war, und bekam keine Antwort.

Minuten vergingen, und als ich verstand, dass sie wohl im Affekt morgens die Wohnungstür hinter sich abgeschlossen hatte, ohne daran zu denken, dass ich nach dem Aufstehen eigentlich gehen wollte, musste ich über diese skurrile Situation lachen.

Ich zückte mein Handy, öffnete Twitter und tippte nacheinander ein gutes Dutzend Tweets über meine missliche Lage.

Fünfzehn Minuten Fame

Noch Tage später bekam ich Interviewanfragen von Radios und Zeitungen. Sogar RTL wollte über meine Story berichten, doch der *taff*-Beitrag sollte meine letzte Erscheinung in den Boulevardmedien bleiben, weshalb ich allen anderen Produktionsfirmen in der Richtung absagte. Der Auftritt im *Frühstücksfernsehen* verschaffte mir eine ungeahnte Reichweite, und als ich aus Berlin nach Bielefeld zurückkehrte, sprach ich noch einige Wochen von meinem ungeplanten Ausflug in die Medien.

Ich brauchte wirklich lange, um das zu verarbeiten, denn ich hatte auf einen Schlag unfassbar viele neue Eindrücke bekommen. Als die erste Onlinezeitung fälschlicherweise schrieb, dass es sich um einen One-Night-Stand handelte, gab es kein Zurück mehr. Die Story war geboren, und alle möglichen anderen Medien schrieben sie ab. Es war unmöglich zurückzurudern, denn die Anfragen prasselten nur so auf mich ein, und die Journalisten kündigten in ihren Berichten und Shows bereits an, dass ich eine unglaubliche Geschichte mit einem One-Night-Stand erlebt hatte. Obwohl diese Information nie aus meinen Tweets hervorging und sie auch nicht stimmte, schien es der Story gutzutun, und ich spielte das Spiel der Medien einfach mit. Meine neue Bekanntschaft war amüsiert über die Reichweite, die unsere Geschichte fand. Etwas böse war sie jedoch, dass sie als One-Night-Stand hingestellt wurde, denn auch, wenn es noch nicht ausgesprochen war, wussten wir bereits beide, dass wir mehr als das waren.

Rückblickend betrachtet glaube ich, dass ich einfach Glück mit dem Zeitpunkt hatte. In den Tagen zuvor waren die

Nachrichten voll mit Gewalt, Terror und der Europameisterschaft. Dass man zur Abwechslung mal eine vermeintliche Geschichte aus dem Leben erzählen konnte, ließ die Medien alle nacheinander auf den Zug aufspringen. Selbst seriöse Zeitungen und Magazine berichteten darüber, teilweise unter für mich absolut nachvollziehbarer Kritik der Leser. Es war eine dieser Boulevardgeschichten, die es in die breite Öffentlichkeit schafften und die ich sonst ebenfalls nur schmunzelnd zur Kenntnis nahm.

Über Twitter bekam ich zunächst nur Interviewfragen, doch dabei blieb es nicht. Ein junger Mann meldete sich bei mir und fragte, ob ich nicht Lust hätte, beruflich zu schreiben. Wenige Wochen später nahm ich mir meine letzten Urlaubstage in der Stiftung, um für einige Tage in Mainz bei einem großen Medienunternehmen vorstellig zu werden.

Als ich zum Kennenlernen des Teams nach Mainz fuhr, saß ich dort nicht nur mit Autoren zusammen, die Kreativarbeit im öffentlich-rechtlichen Bereich machten, sondern lernte Berufsfelder kennen, von denen ich bisher noch nie gehört hatte. Einer meiner neuen Kollegen war Inhaber einer Firma, die sich mit der Vermarktung von YouTubern beschäftigte. Er war wesentlich jünger als ich. Ein anderer kümmerte sich um die Netzwerke innerhalb des Rundfunks. Als ich mal eine Geschichte über virale Tweets von ARTE anfertigte, gab er mir die Nummer des zuständigen Social Media Managers, und ich interviewte den Menschen hinter der Onlinepräsenz über seinen Eindruck von der deutschen Medienlandschaft.

Ich saß an der Quelle, umgeben von professionellen Medienmenschen. Die Arbeitsbedingungen waren super, auch wenn die Arbeitszeit scheinbar keiner Begrenzung unterlag.

Ich erschien morgens um neun im Büro und kam meist erst nachts zurück ins Hotel. Das fand ich jedoch keineswegs schlimm, denn die Arbeitszeit verbrachte ich durchweg mit kreativen Inhalten, mit gleichgesinnten Kollegen und bei gutem Lohn.

Nach einigen Tagen kehrte ich zurück nach Bielefeld und schrieb fortan von zu Hause aus gegen Bezahlung kleine Kurzgeschichten über verrückte Dinge, die im Internet passierten. Ich machte quasi das, was Dirk von Gehlen in seinem *Phänomeme*-Blog tat und weshalb ich damals überhaupt erst auf Twitter aufmerksam wurde. Es war super und machte sehr viel mehr Spaß als die Verwaltungsarbeit in der Stiftung.

Ich musste mich einfach mehr mit der spannenden Maschinerie der Medien befassen, von der ich längst ein Teil geworden war. Durch Zufall bekam ich mit, dass es an der Uni Bielefeld den Masterstudiengang Medienwissenschaften gab. Mein Arbeitsvertrag in der Stiftung lief bald aus, und ich musste nicht lange überlegen, was als nächstes kommen sollte: ein Revival meines geliebten Studentenlebens.

Das Studentenleben auskosten

»Wieso bist du eigentlich wieder an die Uni gegangen?«, fragte ich Mirjam.

Wir saßen in ihrer Küche und sprachen über unsere bisherigen Erfahrungen mit dem Studium. Sie hatte mir erzählt, dass sie nach ihrem Bachelor schon einen gut bezahlten, spannenden Job in München hatte, den sie aber nach drei Jahren aufgab, um einen Master in Bielefeld zu beginnen. Nun waren wir beide im ersten Mastersemester der Medienwissenschaften und lernten uns gerade kennen.

»Weißt du …«, begann sie und schob nebenbei ein paar Kronkorken auf dem Küchentisch zusammen. Es war das Ende einer spontanen WG-Party, und wir waren als Einzige übrig. Der Rest hatte sich schon verabschiedet, und ein paar Leute schliefen auf dem Sofa im Wohnzimmer. »Wie spät ist es?«

»Halb fünf. Haben gut durchgehalten.«

»Halb fünf«, wiederholte sie. »Weißt du, es ist Mittwochmorgen, halb fünf. Wir hatten eine geile Spontanparty, ich hatte echt Spaß, und jetzt sitzen wir hier und quatschen über Gott und die Welt.«

»Und?«, fragte ich und trank einen Schluck Wasser.

Mirjam grinste und zuckte mit den Schultern. »Warum bin ich wohl wieder Studentin geworden?«

Ich verstand.

Mit dem Studentenleben abzuschließen ist schwierig. Es ist eine Zeit voller Freiheit, die man irgendwann ganz bewusst aufgibt, um sich an feste Tagesstrukturen und Gehalt zu verlieren. Den Zeitpunkt für diese Entscheidung sollte man sich nicht von außen vorgeben lassen. Man sollte so lange studieren, wie man es für richtig hält.

Viele befürchten ja, dass Arbeitgeber skeptisch gegenüber einer langen Studiendauer werden könnten. Ich halte es so, dass ich in Bewerbungen stets darauf verweise, nebenbei ehrenamtlich und nebenberuflich gearbeitet zu haben, und rechtfertige damit meine Studiendauer, falls die Frage aufkommt. Auch wenn ich mir tatsächlich eine ganze Weile freigenommen und einfach in den Tag gelebt habe. Aber das war einfach geil, und ich schäme mich kein bisschen dafür.

Das Studium besteht aus so viel mehr, als einfach nur zu studieren. Es ist eine einmalige Möglichkeit, die ungeschminkte Freiheit zu erleben. Die hohe Kunst besteht darin, das Lotterleben zu führen und trotzdem den Abschluss nicht aus den Augen zu verlieren. Aufschübe sind okay, genauso wie man ein paar Semester komplett von der Uni fernbleiben kann. Denn wann im Leben hat man danach so folgenlos die Möglichkeit, sich Zeit für sich selbst zu nehmen und einfach mal rumzulungern oder das zu tun, worauf man Bock hat? Das funktioniert nicht mit Job, Familie und Verantwortung. Meine insgesamt vier Jahre Bachelorstudium habe ich genossen. Der Input des Studiums in Verbindung mit spannenden Nebenjobs und meinem Ehrenamt hat mein Studentenleben auf ein so hohes Niveau gehoben, dass ich verständlicherweise keine Lust hatte, es aufzugeben. Wozu auch? Statt durch die Hochschule zu rushen mit dem Ziel, so schnell wie möglich arbeiten zu gehen, sollte man sich überlegen, was einem das bringt. Und ganz nebenbei: Meinen ersten Job habe ich tatsächlich hauptsächlich wegen meines Ehrenamts bekommen. Auch wenn ich schnell so viel Spaß an der unbezahlten Jugendarbeit im Verein hatte, dass es mir egal war, ob es sich positiv auf meinen Lebenslauf auswirken sollte.

Natürlich kann man sich gewissenhaft dransetzen und alles machen wie gedacht. Abitur mit siebzehn, Bachelor mit zwanzig, vielleicht noch einen Master. Dann ist man 22 Jahre alt, hochprofessionalisiert und steht im Beruf. Aber ist das wirklich erstrebenswert?

Ich wünsche mir von meiner Generation etwas mehr Entschleunigung. Wir sind so damit beschäftigt, unser gesamtes Leben zu optimieren, dass wir vergessen, wie schön es ist, auch mal unperfekt menschlich zu sein. Die Medien sind voll von revolutionären Fitnessprogrammen, wir erfinden allen Ernstes Begriffe wie *Superfood* und tragen sogar Armbänder, die unsere Vitalfunktionen überwachen, um unseren Körper – und damit vermeintlich unser Leben – noch weiter zu optimieren. Die Politik lässt Jugendliche früher aus der Schule kommen, damit sie anschließend ein Studium nach Maß abschließen können, das, nebenbei bemerkt, in vielen Fällen gar nicht richtig auf den Beruf vorbereitet. In diesen immer schnelleren Zeiten kann man sich mitreißen lassen und das volloptimierte Leben führen. Oder man nimmt sich ganz bewusst von dem ganzen Trubel aus und genießt mal so richtig das Slow Life. Das muss ja kein Dauerzustand sein, aber ein paar Jahre seines langen Lebens in Jogginghose auf der Couch in einer Studenten-WG zu sitzen, über das Leben zu philosophieren und die Zeit um sich herum zu vergessen, ist es absolut wert.

Und wenn man es dann auch noch schafft, sich nicht durch den Druck der Verwandten, des Arbeitsmarkts und der Professoren aus der Ruhe bringen zu lassen, dann macht man das Studium tatsächlich zu dem, was es sein sollte:

Zur besten Zeit des Lebens.

Der unautorisierte Forschungsbericht aus Westeros

Helen Keen
DIE WISSENSCHAFT
VON EIS UND FEUER
Wenn »Game of Thrones«
auf Fakten trifft
Aus dem Englischen
von Edith Beleites
224 Seiten
mit zahlreichen
Abbildungen
ISBN 978-3-404-60938-3

Kann man einen menschlichen Schädel mit den Händen zerquetschen? Was geschieht mit den Genen, wenn Geschwisterliebe Sprosse treibt? Welche Metalllegierung hält selbst der enormen Hitze eines Drachenfeuers stand? Und natürlich: Wann wird es Winter?

Game of Thrones spielt mit den Grenzen zwischen Magie und Möglichkeit, Fabel und Historie und lädt die Fans zu wilden Spekulationen ein. Nun lüftet Helen Keen die wissenschaftlichen Geheimnisse dieser großartigen Serie und findet auf (fast) alles eine Antwort. Ein großer Spaß für alle, die gern mal wie ein echter Maester denken …

Bastei Lübbe

Hier sind Männer ein offenes Buch

Max & Jakob
BESTE FREUNDINNEN
Wenn Männer über Frauen,
Sex und den Sinn des
Lebens reden
288 Seiten
ISBN 978-3-404-60955-0

Woran erkennen Männer ihre Traumfrau? Zählt Sex mit der Ex wirklich als Fremdgehen, oder gilt der nicht, weil man mit ihr ja schon mal was hatte? Und wie gerät eine Frau eigentlich in die Kumpelecke? Max und Jakob, zwei Freunde Anfang dreißig, unterhalten sich über Frauen, Liebe, Sex und die großen Fragen des Lebens und sprechen aus, was Männer wirklich denken. Dabei sind sie lustig, nachdenklich, provokant und ehrlich – manchmal so sehr, dass es weh tut. Wer sich auf die beiden einlässt, lernt Männer zu verstehen.

Bastei Lübbe

Die Community für alle, die Bücher lieben

Das Gefühl, wenn man ein Buch in einer einzigen Nacht verschlingt – teile es mit der Community

In der Lesejury kannst du

★ Bücher lesen und rezensieren, die noch nicht erschienen sind

★ Gemeinsam mit anderen buchbegeisterten Menschen in Leserunden diskutieren

★ Autoren persönlich kennenlernen

★ An exklusiven Gewinnspielen und Aktionen teilnehmen

★ Bonuspunkte sammeln und diese gegen tolle Prämien eintauschen

Jetzt kostenlos registrieren: www.lesejury.de
Folge uns auf Facebook:
www.facebook.com/lesejury